Kreativitätstechniken

Dr. Matthias Nöllke

Kreativitätstechniken

Dr. Matthias Nöllke

STS Verlag

Die Deutsche Bibliothek – CIP-Einheitsaufnahme

Nöllke, Matthias:
Kreativitätstechniken / Matthias Nöllke. – Planegg : STS-Verl., 1998
(Taschen-Guides)
ISBN 3-86027-192-X

ISBN 3-86027-192-X
Bestell-Nr. 00671-0001

Postanschrift: Postfach 13 63, 82142 Planegg
Hausanschrift: Fraunhoferstraße 5, 82152 Planegg
Fon (0 89) 8 95 17-0, Fax (0 89) 8 95 17-2 50
E-Mail: online@haufe.de
Internet: http://haufe.de, http://www.taschenguide.de
Lektorat: Dr. Ilonka Kunow

Satz + Layout: Satzstudio »Süd-West« GmbH, 82166 Gräfelfing
Umschlaggestaltung: Agentur Buttgereit & Heidenreich, 45721 Haltern am See
Druck: J. P. Himmer GmbH, 86167 Augsburg

TaschenGuides – alles was Sie wissen müssen

Für alle, die wenig Zeit haben und erfahren wollen, worauf es ankommt. Für Einsteiger und für Profis, die ihre Kenntnisse rasch auffrischen wollen.

Sie sparen Zeit und können das Wissen effizient umsetzen:

Kompetente Autoren erklären jedes Thema aktuell, leicht verständlich und praxisnah.

In der Gliederung finden Sie die wichtigsten Fragen und Probleme aus der Praxis.

Das übersichtliche Layout ermöglicht es Ihnen, sich rasch zu orientieren.

Anleitungen „Schritt für Schritt", Checklisten und hilfreiche Tips bieten Ihnen das nötige Werkzeug für Ihre Arbeit.

Als Schnelleinstieg die geeignete Arbeitsbasis für Gruppen in Organisationen und Betrieben.

Wir freuen uns auf Ihre Anregungen.
Ihr STS Verlag
Fraunhoferstraße 5 – 82152 Planegg
Fon 0 89 / 8 95 17-2 22
Fax 0 89 / 8 95 17-2 90

Inhalt

Vorwort

Kreativität boomt. Allerorten werden neue Ideen und unkonventionelle Lösungen gesucht oder wenigstens angemahnt. Nicht nur Werbetexter und Produktentwickler, auch Marketingspezialisten, Kundenberater, Verkaufsleiter, Personalchefs, ja ganze Unternehmen mit ihren Mitarbeitern sollen über eine besondere Kompetenz verfügen, um im Wettbewerb zu bestehen: Kreativität.

Nur: Wie wird man kreativ? Es gibt ein überwältigendes Angebot an Büchern, Kursen, Trainingswochenenden und Übungscassetten, deren Erfolgsaussichten allerdings oftmals schwierig einzuschätzen sind.

Unser TaschenGuide hilft Ihnen, einen Überblick zu bekommen, Ihre eigene Kreativität und die Ihrer Mitarbeiter zu fördern und zu entwickeln. Sie lernen die wichtigsten Techniken kennen und erfahren, für welche Zwecke sie sich eignen, wo ihre Grenzen sind und welche Kreativitätswerkzeuge Sie lieber der Konkurrenz überlassen sollten. Denn die wirksamste Methode, kreative Ideen zu verhindern, ist die falsche Kreativitätstechnik.

Matthias Nöllke

Schlüsselfaktor Kreativität

Routine und Kreativität

Für die meisten Aufgaben, die Sie erledigen, benötigen Sie keine Kreativität. Sie wenden Ihr Wissen und Ihre Fertigkeiten an und erzielen damit – hoffentlich – das gewünschte Ergebnis. Routine nennt man diese Arbeitsweise. Sie ist zuverlässig und effizient. Wenn Sie als Kundenberater vor jedem Gespräch nach einer kreativen Lösung suchen müßten, wären Sie sicher innerhalb kürzester Zeit Ihre Stelle los.

Doch Routine allein reicht nicht aus. In Zeiten rasanten Wandels und härteren Wettbewerbs können Sie sich immer weniger auf Standardlösungen verlassen. Was tun Sie, wenn Sie bei einem wichtigen Problem nicht mehr weiterkommen?

- Ich frage meinen Vorgesetzten/ meine Kollegen/ meine Freunde, was ich tun soll.
- Ich probiere etwas ganz Verrücktes aus und warte ab, was passiert.
- Ich denke angestrengt nach, finde keine passende Antwort und tue nichts.
- Ich ordne das Problem unter die „unerledigten Fälle" ein und widme mich einer lösbaren Aufgabe.

- Ich delegiere das Problem an meine Mitarbeiter und stelle aus ihren Vorschlägen eine neue Lösung zusammen, die mir irgendwie zusagt.
- Ich nehme Urlaub oder lasse mich krankschreiben.

Oder Sie versuchen, eine neue Lösung zu finden. Eine Lösung, die Sie auf anderem Wege finden als auf dem gewohnten. Eine Lösung, die jedoch den gleichen Anforderungen genügt wie eine „Routinelösung". Eine solche Lösung nennt man kreativ, die Fähigkeit, sie zu finden, Kreativität und die Methoden, die Ihnen bei der Lösungssuche helfen sollen, Kreativitätstechniken.

Kreative Ideen sind aber nicht nur dann nützlich, wenn Sie mit Ihrer Routine nicht weiterkommen. Bei allen wichtigen Dingen, die Sie tun, ist es sinnvoll, nach einer kreativen Alternative zu suchen. Um beim Beispiel des Kundenberaters zu bleiben: Für ihn wäre es sicher lohnend, auf mögliche Einwände schwieriger Kunden neue, kreative Antworten zu entwickeln. Um sie bei Bedarf parat zu haben.

Fassen wir die wesentlichen Merkmale einer kreativen Idee zusammen:

- Sie muß jenseits Ihrer gewohnten Denkpfade gefunden werden. Sonst ist sie eben doch „Routine".
- Sie muß – im nachhinein – an das „routinierte Denken" anschließbar sein. Sie muß „funktionieren". Eine isolierte Idee mag zwar neu und originell sein, aber sie ist nicht kreativ.

Beispiel
Wodurch sich die kreative Idee von anderen Lösungen unterscheidet:

Das Problem: Einige Weintrinker sind mit der 0,75-Liter-Flasche unzufrieden, weil sie ihnen vorschreibt, wieviel sie trinken müssen. Trinken sie weniger als einen Dreiviertelliter, müssen sie den Rest entweder aufheben oder wegschütten. Wollen sie nur ein Glas mehr trinken, müssen sie gleich eine ganze Flasche öffnen.

Die konventionelle Lösung: Sie schlagen vor, den Wein in Flaschen verschiedener Größe anzubieten.

Die isolierte, originelle Lösung: Sie schlagen vor, den Wein in Pulverform zu verkaufen. Jeder kann dann selbst bestimmen, wieviel er trinken möchte und in welcher Konzentration.

Die kreative Lösung: Sie schlagen vor, den Wein in weichen Kunststoffsäckchen abzupacken. Ein Ventil sorgt dafür, daß keine Luft eindringt und der Inhalt tröpfchengenau gezapft werden kann. Eine stabile Umverpackung gibt dem wenig standfesten Säckchen Halt.

Wenn Sie Weintrinker sind, kommt Ihnen die kreative Lösung vielleicht bekannt vor. Tatsächlich bieten viele größere Winzereibetriebe ihren Wein bereits in diesen sogenannten „Weinschläuchen" an.

Das macht uns auf eine unvermeidliche Konsequenz aufmerksam: Die kreativen Ideen von heute gehören morgen zur Routine. Wenn die kreativen Ideen wirklich gut waren ...

Der kreative Sprung

Edward de Bono ist nicht nur Erfinder unzähliger Kreativitätstechniken, sondern auch der Vater des „lateralen Denkens": Er hat ein Modell entworfen, um den Zusammenhang von konventionellem und kreativem Denken deutlich zu machen.

Dabei geht er dem Phänomen nach, daß viele kreative Ideen auf unlogische, gewissermaßen „regelwidrige" Weise gewonnen werden und doch im nachhinein als naheliegend oder vollkommen logisch erscheinen. Dadurch, so glaubt de Bono, entstehe der Trugschluß, daß die Idee gar nicht kreativ sei, sondern auch durch das gewohnte (= logische) Denken hätte gefunden werden können.

Diese Folgerung aber bestreitet de Bono. Er vergleicht unser Denken mit einem Fluß, der in seinem breiten Flußbett dahinfließt. Um das Flußbett zu verlassen, müssen wir einen „kreativen Sprung" machen.

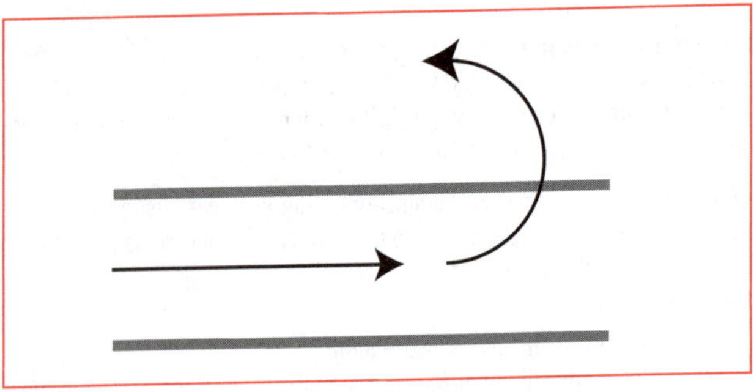

Der kreative Sprung verläßt das gewohnte Denken ...

Dieser meist völlig unlogische, oft leicht „verrückte" Denksprung führt uns zunächst ins Ungewisse. Doch von dort müssen wir wie von einem Flußseitenarm wieder in das Hauptstrombett unseres Gedankenflusses zurückfinden. Erst dann haben wir die kreative Denkbewegung ganz vollzogen, wenn wir den Seitenarm für unser gewohntes Denken gewissermaßen schiffbar gemacht haben.

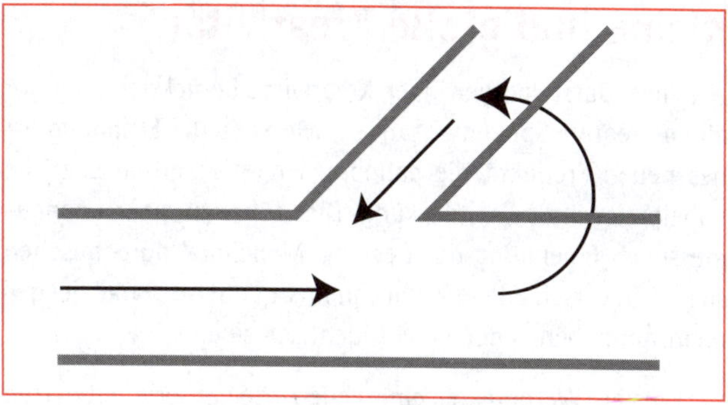

... und führt später wieder zu ihm zurück.

Haben wir den kreativen Sprung einmal gewagt und hat sich dieses ungewohnte Denken als praktikabel erwiesen, wird es allmählich zur Routine. In Zukunft gelangen wir mühelos mit unserem gewohnten Denken an denselben Punkt, den wir erst durch den „kreativen Sprung" entdeckt haben.

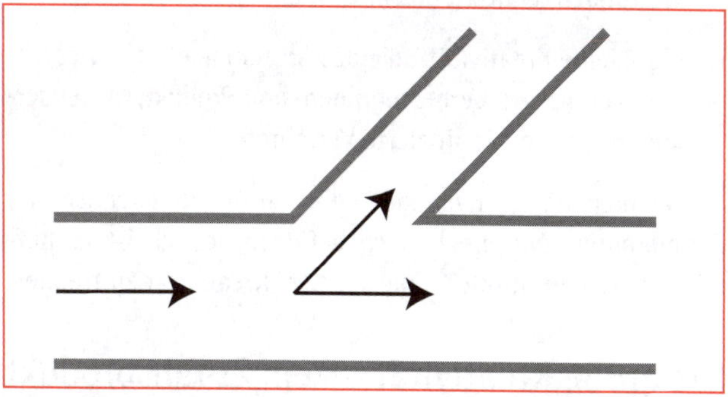

Danach gehört dieser Denkprozeß zum gewohnten Denken.

Einer ganzen Reihe von Kreativitätstechniken liegt dieses Modell zugrunde.

Kleine und große Kreativität

Viele Darstellungen über Kreativität berücksichtigen vor allem kreative Spitzenleistungen, wie etwa die Erfindung eines neuen Produkts, die bahnbrechende Neuerung oder die nobelpreiswürdige Entdeckung. Dies führt zu einer unangemessenen Einengung des Begriffs. Manchmal durchmischen sich auch verschiedene Arten von Kreativität, die zwar viel gemeinsam haben, jedoch nicht identisch sind.

Wer als Werbetexter eine neue Anzeigenserie entwerfen soll, braucht zwar auch ein gehöriges Maß an Kreativität, aber doch grundlegend anderer Art als Albert Einstein, als er die allgemeine Relativitätstheorie aufgestellt hat. Deshalb unterscheiden wir:

- die „große Kreativität", die zu grundlegenden Änderungen führt: wegweisende Erfindungen, Neukonzeptionen, Umwertungen, neue Trends.
- die „kleine Kreativität", die das Bestehende nicht wesentlich verändert: Verbesserungen am Produkt, Arbeitserleichterungen, modifizierte Verfahren.

Die meisten kreativen Ideen dürften sich in einem schwer definierbaren Zwischenbereich befinden, jedoch ist es hilfreich, zwischen „großer" und „kleiner" Kreativität zu trennen.

Die große Kreativität – kein Zufallsprodukt

„Große" kreative Ideen fallen nicht vom Himmel, sie sind das Ergebnis langwieriger, manchmal lebenslanger intensiver Beschäftigung mit der betreffenden Materie. So eine Idee kann ein ganzes Leben ausfüllen und läßt wenig Raum für weitgestreute Aktivitäten. Ein hohes Maß an Konzentration ist Voraussetzung.

Große Ideen erfordern keinesfalls nur den „unverbildeten Kinderblick", sondern auch die scharfe Expertenbrille. Zwar erwecken manche Darstellungen gelegentlich den Eindruck, es genüge, wenn ein blutiger Laie mal so richtig „querdenke" oder sein „Unterbewußtsein" befrage, um geniale Einsichten zu produzieren, doch sind solche Erwartungen reines Wunschdenken.

Kleine Kreativität – nützliche Ideen für den Alltag

Bei den „kleinen" kreativen Ideen handelt es sich hingegen um die guten Einfälle, die wir alle irgendwann einmal haben, die wir aber leider oft genug ungenutzt lassen oder wieder vergessen. Kleine Tricks und Kniffe, die häufig übersehen werden und doch den Alltag in vielerlei Hinsicht erleichtern können. Diese Ideen aufzugreifen, zu fördern und auszubauen ist eine äußerst lohnende Aufgabe. Denn eine Vielzahl kleiner und kleinster Verbesserungen kann sich zu einer beachtlichen Größe summieren.

Divergentes und laterales Denken

Wie entstehen neue Ideen? Durch eine neue Art des Denkens, glauben viele Kreativitätsforscher. Wer immer wieder den gleichen Trampelpfaden des Denkens folgt, kann nicht kreativ sein. Kreative Menschen müssen die vertrauten Wege verlassen, sie müssen kreuz und quer durch das Gelände laufen, um sich gleichsam eigene Pfade zu bahnen.

Das „wilde Denken" wird entdeckt

Diese Art des geistigen Querfeldeinlaufens hat als erster der Psychologe Joy Paul Guilford systematisch zu erfassen versucht. Unter dem Begriff „divergentes Denken" machte er sie vor vierzig Jahren populär. „Divergentes Denken" bedeutet, offen, unsystematisch und spielerisch an Probleme heranzugehen. Kurzum: Das Gegenteil der damals üblichen Auffassung, wie Probleme zu lösen seien: nämlich logisch, planmäßig und streng rational. Diese konventionelle Art der Problemlösung nannte Guilford „konvergentes Denken".

Eine wesentliche Voraussetzung, daß sich das divergente Denken entfalten kann, ist die Ausschaltung von „Denkblockaden" und kritischen Einwänden. Je widersinniger die Ergebnisse dem konvergenten Denken erscheinen, desto freier hat sich das divergente Denken Bahn brechen können. Und je divergenter jemand denken kann, desto kreativer ist er – glaubte Guilford.

Diese Auffassung wird heute nicht mehr geteilt, hatte damals aber durchaus ihren Sinn, da sich die Idee des divergenten Denkens erst einmal Anerkennung verschaffen mußte.

Laterales Denken – Suche nach neuen Möglichkeiten

Edward de Bono hat den Begriff des „lateralen Denkens" geprägt, das sich nur in Nuancen vom „divergenten Denken" unterscheidet. Auch das laterale Denken hat seinen konventionellen Widerpart, das sogenannte „vertikale Denken". Dabei wird ein vertrautes, womöglich standardisiertes Lösungsverfahren benutzt, während das laterale Denken nach neuen Möglichkeiten Ausschau hält. In de Bonos Vergleich: Das vertikale Denken vertieft ein vorhandenes Loch, während das laterale ein neues gräbt.

Charakteristika des konvergenten/vertikalen und des divergenten/lateralen Denkens

Konvergentes, vertikales Denken	**Divergentes, laterales Denken**
logisch rational	spielerisch, assoziativ
in eine Richtung	in viele Richtungen
beim Thema bleiben	vom Thema abweichen
homogen, widerspruchsfrei	heterogen, akzeptiert Widersprüche
bewährte Lösungsverfahren	erfindet neue Verfahren
kritische Einwände verbessern	kritische Einwände behindern
konvergentes Denken	divergentes Denken
eine richtige Lösung	viele originelle Lösungen

Laterales bzw. divergentes Denken hat im kreativen Prozeß eine wichtige Funktion (→ S. 36 ff.), wenngleich sich gezeigt hat, daß es ohne konvergentes, vertikales Denken nicht geht. Um bei de Bonos Vergleich zu bleiben: Die beste kreative Lösung finden Sie, wenn Sie viele Löcher graben, die tief genug sind.

Die Sache mit den Hirnhälften

Kaum eine Publikation über Kreativität kommt ohne den Hinweis auf die unterschiedlich spezialisierten Hirnhälften aus. Dieses außerordentlich wirkungsmächtige Modell ordnet den beiden Hemisphären gegensätzliche Denkweisen zu:

- Linke Hirnhälfte: zuständig für das „kühle Denken" wie Logik, Analyse, Zahlen, Rationalität, Sprache. Informationsverarbeitung step by step.
- Rechte Hirnhälfte: zuständig für das „warme Denken", etwa Intuition, Synthese, Bilder, Emotionalität, räumliches Denken, Musikalität. „Ganzheitliche" Informationsverarbeitung.

Nach Bekunden der Autoren stützt sich dieses Modell auf neueste neuroanatomische Forschungsergebnisse. Auf jeden Fall dient es immer wieder als Grundlage, wenn vermeintlich kreativitätsfördernde Tips gegeben werden, wie zum Beispiel:

- stärker mit der rechten Hirnhälfte zu denken,
- der „Zensur" durch die linke Hirnhälfte zu entgehen,
- jede Hirnhälfte einzeln und
- das „Zusammenspiel" zwischen ihnen zu „trainieren".

Solche Hinweise haben mit den tatsächlichen Ergebnissen der Hirnforschung jedoch nichts zu tun.

Landkarten unseres Denkens

In den vergangenen Jahren haben die Wissenschaftler unser Denkorgan sehr genau unter die Lupe genommen. Mit sogenannten bildgebenden Verfahren haben sie untersucht, welche Hirnregionen aktiv sind, wenn wir dieses und jenes fühlen, denken oder tun.

Dabei haben sie festgestellt, daß auch bei vermeintlich einfachen Tätigkeiten eine Vielzahl von Zellverbänden beteiligt sind, welche sich über das ganze Hirn verteilen. Wie der Neurologe Oliver Sacks schreibt, gibt es allein 50 visuelle Zentren, die alle unabhängig voneinander arbeiten. Doch es findet eine ständige Konversation zwischen diesen Zentren statt.

■ *Das Hemisphärenmodell ist eine grobe, kaum noch zulässige Vereinfachung. Wir denken nicht „rechts-" oder „linkshirnig". Unser Denken besteht aus dem Zusammenspiel von Tausenden von Zentren, die hoffentlich gut miteinander harmonieren.* ■

Zwei Denkstile

Das Hemisphärenmodell muß deshalb aber noch nicht vollständig verabschiedet werden, auch wenn die wissenschaftliche Grundlage brüchig ist. Denn es beschreibt modellhaft zwei unterschiedliche Denkstile. Und diese Denkstile –

von denen es allerdings weit mehr als zwei gibt – lassen sich in der Tat „trainieren".

Wenn Sie Ihre Kreativität verbessern möchten, haben Sie zwei Möglichkeiten:

- Sie üben neue, wenig vertraute Denkstile ein, um möglichst variabel mit Ihren Aufgaben umzugehen.
- Sie perfektionieren Ihren bevorzugten Denkstil.

Die kreative Persönlichkeit

Sieben Eigenschaften, die Sie fördern sollten

Auch wenn weitgehende Einigkeit darüber besteht, daß jeder Mensch seine kreativen Potentiale besitzt, die er entdecken, nutzen und entwickeln kann, so gibt es auch wenig Zweifel daran, daß einige Menschen gewissermaßen „von Haus aus" erheblich kreativer sind als andere. Sie verfügen über Eigenschaften, die Kreativität begünstigen, sie sind eine „kreative Persönlichkeit".

Was zeichnet eine kreative Persönlichkeit aus?

1 Sie ist problemsensitiv. Besondere Fähigkeiten: Probleme überhaupt als solche erkennen, das Übliche in Frage stellen, neue Möglichkeiten erkunden.

2 Sie denkt flexibel. Besondere Fähigkeiten: Über mehrere „Denkstile" verfügen, verschiedene Bereiche überblicken, breite Bildung, viele Möglichkeiten in Erwägung ziehen.

3 Sie ist originell. Besondere Fähigkeiten: Auch abseitige Aspekte entdecken, divergentes Denken, verschiedene Einfälle kombinieren.

4 Sie hat Spaß an ihrer Arbeit. Besondere Fähigkeiten: Selbstmotivation.

5 Sie verfügt über ausgezeichnetes Know-how. Besondere Fähigkeiten: Fachwissen, Expertentum.

»Unser kreativster Mann, da sehen wir schon mal über gewisse Dinge hinweg!«

6 Sie ist ausdauernd. Besondere Fähigkeiten: Hartnäckigkeit, hohe Frustrationstoleranz, überdurchschnittliche Energie, sich nicht mit der ersten Lösung zufriedengeben.

7 Sie verfügt über eine sichere Urteilskraft. Besondere Fähigkeiten: Herausfiltern aussichtsreicher Ansätze, Erkennen tragfähiger Lösungen, unbestechlicher Blick für Mängel.

Auch bei sehr kreativen Menschen kommt es selten vor, daß alle Eigenschaften in gleicher Weise ausgeprägt sind. Jedoch läßt sich jede dieser Eigenschaften gezielt fördern. Wenn Sie Ihre Schwächen kennen, können Sie diese ausgleichen.

Möchten Sie ein Kreativ-Team zusammenstellen, erzielen Sie die besten Resultate, wenn Sie darauf achten, daß sich die Stärken der Teilnehmer ergänzen: Sprudelt ein Mitarbeiter vor origineller Ideen, ist aber etwas sprunghaft, so sollten Sie jemanden ins Team holen, der mit eiserner Disziplin eine Lösung ausarbeitet, und einen dritten, der zwar wenig brillante Ideen, doch ein sicheres Gespür dafür hat, was funktioniert.

Entdecken Sie Ihre kreative Domäne

Auf den ersten Blick scheint es ein wenig paradox, aber die kreativsten Persönlichkeiten sind oft nur auf einem einzigen Gebiet wirklich schöpferisch, während sie in anderen Bereichen sogar vollkommen einfallslos sein können.

Eigentlich müßte man ja annehmen, daß sie ihren kreativen Denkstil auch auf andere Bereiche ausdehnen. Doch dies ist nicht der Fall, denn Kreativität ist, wie der Psychologe Howard Gardner meint, „nicht eine Art Flüssigkeit, die sich in alle Richtungen verströmen kann", sondern an ein bestimmtes Gebiet gebunden. Niemand sei „kreativ im allgemeinen", sondern nur „kreativ in X". Diese Beobachtung wird von vielen Forschern geteilt, die sich mit der „großen Kreativität" beschäftigt haben.

■ *Daniel Goleman, Psychologe und Entdecker der „Emotionalen Intelligenz", hat festgestellt, daß diejenigen Kinder am kreativsten sind, „die sich schon früh von einer bestimmten Beschäftigung angezogen fühlten".* ■

Gezielte Kreativität fördern

Auch wenn Vielseitigkeit Ihrer Kreativität bestimmt keinen Abbruch tut, ist es sinnvoll, wenn Sie sich auf ein Spezialgebiet, auf Ihre Domäne, konzentrieren, anstatt sich zu verzetteln. Ihre Domäne ist der Bereich, in dem Sie sich am besten auskennen und bei dem Sie am meisten Spaß haben. Ist das Ihr Beruf oder ein Teil Ihres Aufgabengebietes, ist das natürlich die beste Voraussetzung, dort kreativ zu sein.

Kann man Kreativität messen?

Einige Kreativitätsforscher haben eine Reihe von Aufgaben und Tests entwickelt, die darüber Aufschluß geben sollen, wie kreativ jemand ist.

Beispiel

Typische „Kreativitätstests“:

- Stellen Sie sich vor, alle Polizisten hießen mit Vornamen Günther. Welche Konsequenzen könnte das haben? Sie haben drei Minuten Zeit, Ihre Gedanken zu notieren.
- Nennen Sie in drei Minuten so viele eßbare weiße Gegenstände wie möglich.
- Ein Tischtennisball befindet sich unten in einem 15 cm langen Stahlrohr, das in einen Betonboden eingegossen ist. Als Hilfsmittel stehen Ihnen zu Verfügung: Eine 30 Meter lange Wäscheleine, eine Schale Haferflocken, ein Krug Milch, ein Schraubenzieher, ein Drahtkleiderbügel, eine Zange und eine Glühbirne. Wie viele Möglichkeiten finden Sie, den Ball herauszuholen, ohne den Ball, das Rohr oder den Betonboden zu beschädigen?
- Wozu kann man einen Ziegelstein verwenden? Schreiben Sie in drei Minuten alle Möglichkeiten auf, die Ihnen einfallen.

Mit diesen Aufgaben will man überprüfen, inwieweit die Testperson in der Lage ist, sich von eingefahrenen Denkschemata zu lösen. Wenn sie möglichst viele, auch „verrückte" Vorschläge notiert, wenn sie entdeckt, daß man den Tischtennisball aus dem Rohr bekommt, wenn man Milch hineingießt oder den Drahtbügel zu einer Pinzette umbiegt, gilt dies als kreativ.

Heute werden solche Tests nur noch begrenzt ernst genommen. Das Phänomen Kreativität ist zu vielschichtig, als daß es mit solchen etwas kuriosen Aufgaben zu überprüfen wäre. Wie wir festgestellt haben, sind viele äußerst kreative Menschen nur auf einem Gebiet schöpferisch. Abgesehen davon gibt es starke Bedenken, daß bei manchen Aufgaben nur die bloße Anzahl der Antworten bewertet wird. Quantität kann hier jedoch kaum das ausschlaggebende Maß für eine Beurteilung sein. Wie der Kreativitätsforscher Bernhard Floßdorf über die fast schon klassische Ziegelsteinaufgabe bemerkt hat: „Angenommen, eine Testperson ginge hin, ergriffe den Ziegelstein und erschlüge den Testleiter. Wäre diese Person kreativ?"

■ *Der einzig zuverlässige Maßstab, wie kreativ eine Person ist, sind ihre kreativen Ideen.* ■

Die fünf häufigsten Irrtümer über die Kreativität

Viele weitverbreitete Auffassungen von Kreativität sind nicht zutreffend. Zwar enthalten sie meist einen „wahren Kern", jedoch sind die folgenreichsten Irrtümer oft 90prozentige Wahrheiten.

Irrtum Nr. 1: „Kreativität entsteht aus Chaos"

Nach dieser Auffassung sind Sie kreativ, wenn Sie die größtmögliche Unordnung schaffen. Beseitigen Sie Ihre „Denkblockaden". Wirbeln Sie alles durcheinander und stellen Sie neue verrückte Dinge damit an. Seien Sie desorganisiert und lassen Sie sich nicht festnageln. Halten Sie Ihre Ideen „flüssig"

und versuchen Sie auf keinen Fall, sie in ein System zu pressen. So etwas überlassen Sie den „unkreativen Erbsenzählern".

Feste Strukturen sind der Kreativität jedoch keineswegs hinderlich und müssen auch nicht notwendigerweise beseitigt werden, damit die Kreativität strömen kann. Zwar müssen Sie sich im kreativen Prozeß von der gegebenen Ordnung lösen, ungewohnte Verfahren, neue Sichtweisen ausprobieren, die Dinge neu und anders miteinander kombinieren. Dabei kann Ihnen zeitweilig der Überblick verloren gehen, was Sie jedoch nicht als Ausdruck Ihrer Kreativität mißverstehen sollten.

■ *Auf jeden Fall gehört es zum kreativen Prozeß, daß Sie Ihre Idee in die vorgegebene Ordnung einpassen müssen. Oder Sie ändern die Ordnung. Aber gerade dann müssen Sie besonders konzentriert und systematisch vorgehen.* ■

Irrtum Nr. 2: „Fachleute sind selten kreativ"

Unterstellt wird, daß Fachfremde die Dinge „unvoreingenommen" betrachten und sie deshalb auf Ideen kommen, die den Experten niemals einfallen würden. Wenn Sie kreative Ideen benötigen, sollten Sie erst einmal hören, was einem Laien zu Ihrem Problem einfällt.

Das Gegenteil ist richtig: Gerade Laien sehen die Dinge höchst voreingenommen und beurteilen sie nach ihrem Alltagsverstand. Sie sind meist nicht in der Lage, die Wirkung ihrer Vorschläge abzuschätzen. Auch ist der Alltagsverstand in der Regel weit weniger originell als hartnäckig unterstellt wird. Natürlich gibt es unter Experten Betriebsblindheit, fachliche Voreingenommenheit und Risikoscheu. Auch trennen sich Fachleute nur schwer von ihren Überzeugungen. Doch eines ist gewiß: Kreative Ideen kommen niemals von Leuten, die keine Ahnung haben.

Irrtum Nr. 3: „Junge Menschen sind besonders kreativ, vor allem Kinder"

Eine weitverbreitete Annahme: In jungen Jahren sind die Menschen noch kreativ, je älter sie werden, desto stärker schmilzt die Kreativität dahin. Aufgaben, die viel Kreativität erfordern, sollten deshalb an jüngere Mitarbeiter vergeben werden. Besonders kreative Resultate erzielen Kinder.

Richtig daran ist, daß der Grundstein zur Kreativität in der Kindheit gelegt wird. Doch gleichgültig, wie man kindliche Kreativität bewerten mag, ein Maßstab für Erwachsene ist sie nicht. Zwar sind jüngere Menschen tendenziell aufgeschlossener, geistig beweglicher und risikofreudiger als ältere, jedoch hat sich gezeigt, daß die Menschen, die kreativ sind, es auch im Alter bleiben. Allerdings ändert sich ihre Kreativität. Sie entwickeln zwar weniger Lösungsvorschläge als jüngere, jedoch ist der Anteil brauchbarer Anregungen höher.

Irrtum Nr. 4: „Kreative Menschen sind Außenseiter"

Wer kreative Einfälle hat, steht am Rande der Gesellschaft, glauben viele. Als Außenseiter braucht er keine Rücksicht zu nehmen und kann deshalb eher radikal neue Lösungen entdecken. In zugespitzter Form wird eine Forderung daraus: Kreative Menschen sollten sich dem gesellschaftlichen Konsens entziehen und alles grundsätzlich in Frage stellen, was allgemein anerkannt ist. Sie sollten „Querdenker" sein.

Doch viele erfolgreiche kreative Ideen kommen von ziemlich angepaßten Menschen. Eine gewisse Distanz mag zwar hilfreich sein, jedoch auch eine gewisse Nähe zur „kreativen Domäne". Andernfalls hätte die kreative Idee keine Bedeutung. Abgesehen davon ist der „Querdenker" längst eine erstarrte Attitüde, die oft mehr mit selbstgefälliger Mäkelei zu tun hat als mit irgendeiner Form von Kreativität.

Irrtum Nr. 5: „Kreativ bin ich selber – dazu brauche ich keine Technik"

Fragen Sie kreative Menschen, ob sie eine bestimmte Technik benutzen, so werden viele das entrüstet bestreiten. Kreativität ist nach ihrem Verständnis ein Naturgewächs, und da darf man nicht mit Technik heran. Denn Technik hat etwas mit Berechenbarkeit und kalter Rationalität zu tun, dabei sollen die kreativen Ideen doch geradewegs aus dem warmen Bauch strömen.

Hier liegt ein Mißverständnis des Begriffs „Technik" vor, denn Kreativitätstechniken erheben gar nicht den Anspruch, kreative Ideen gleichsam automatisch zu erzeugen. Sie sind ein Hilfsmittel, ein mitunter sehr wirksames, der eigenen Kreativität auf die Sprünge zu helfen. Mit bewährten Tips und mit System. Doch die Ideen müssen Sie selbst haben.

Der kreative Prozeß

Wie kommen Sie nun zu einer kreativen Lösung? Im folgenden stellen wir Ihnen die notwendigen Schritte vor, nach denen Sie bei der Ideenfindung vorgehen können:

1 Bestimmen Sie zunächst Ihr Ziel.

2 Verschaffen Sie sich dann einen Überblick.

3 Dann erfolgt der eigentliche „kreative Sprung".

4 Anschließend werden Sie Ihre Idee bewerten und ausarbeiten.

5 Zuletzt müssen Sie die Lösung durchsetzen.

Im übrigen erhalten Sie Hinweise, welche Kreativitätstechniken Sie in den einzelnen Phasen einsetzen können. Die einzelnen Instrumente finden Sie dann im dritten Teil, ab Seite 56, ausführlich beschrieben.

Erster Schritt: Bestimmen Sie Ihr Ziel!

Bevor Sie Ihr kreatives Rüstzeug anlegen, sollten Sie sich darüber klarwerden, was Sie überhaupt erreichen möchten. Geben Sie sich ein klares Ziel, damit Sie nicht planlos herumirren oder in die falsche Richtung laufen. Sie brauchen nicht zu befürchten, daß Sie das zu sehr einengt. Sollte sich Ihr Ziel später als unrealistisch oder nicht erstrebenswert erweisen, können Sie es immer noch korrigieren.

Formulieren Sie Ihr Ziel

- als Frage, auf die Sie eine Antwort haben möchten.
- als Wunsch: „Ich möchte ... erreichen."

Sich Ziele zu setzen, gehört zur Kreativität dazu. Ziele entstehen aus Problemen und offenen Fragen. Kreative Menschen haben die Fähigkeit, Probleme und offene Fragen zu entdecken, Dinge, die anderen festgefügt und selbstverständlich scheinen, in Zweifel zu ziehen und nach Alternativen zu suchen.

▪ *Legen Sie Ihr Ziel auf jeden Fall schriftlich fest! Es erleichtert Ihnen, bei der späteren Lösungssuche den Überblick zu behalten.* ▪

Wie finden Sie Ihr Ziel?

- Formulieren Sie ein möglichst konkretes Ziel. Also nicht: „Ich möchte ein erfolgreicher Personalleiter werden!" Sondern: „Ich möchte die Personalbeschaffung in der mittleren Führungsebene verbessern."
- Ihr Ziel sollte aber auch nicht zu konkret sein. Also nicht: „Ich möchte den Absatz von Damenfeinstrumpfhosen im zweiten Quartal um 7,5 % erhöhen." Sondern: „Ich möchte neue Kundengruppen für unsere Strumpfwaren ansprechen."

- Geeignete Ziele ergeben sich immer dann, wenn Sie auf ein Problem stoßen. Ob privat, bei Ihrer Tätigkeit oder in Ihrem Unternehmen. Entwickeln Sie Sensibilität für Probleme – auch für die Probleme der anderen.
- Andere mögliche Ziele sind Verbesserungen bei dem, was Sie täglich tun, was also zu Ihrer Routine gehört. Zum Beispiel: „Wie kann ich besser mit unseren Zulieferern verhandeln?"
- Sehr schnell fündig werden Sie auch bei neuen Projekten. Zum Beispiel: „Wie soll unsere neue Telefonanlage aussehen?"
- Ein weites Feld für „kleine" kreative Ziele bietet die Suche nach Kostenreduktion. Zum Beispiel: „Wie können wir die Vordrucke für das Vorschlagswesen einsparen?"
- Natürlich eignen sich auch Ziele, die Ihr persönliches Umfeld oder ein Hobby betreffen.

Achten Sie darauf, daß Sie sich ein erreichbares Ziel setzen, wobei Sie die Hürden auch nicht zu niedrig legen sollten; Ihr Ziel sollte eine gewisse Herausforderung für Sie sein.

Welche Technik können Sie einsetzen?

Mindmapping, Konzeptfächer, progressive Abstraktion (→ Kreativitätstechniken ab S. 56).

Zweiter Schritt: Verschaffen Sie sich einen Überblick!

Das Ziel ist klar. Nun geht es darum, die Voraussetzungen zu schaffen, daß Sie auch dorthin gelangen. Sie brauchen Orientierung. Sie müssen wissen, wie Ihr Problem strukturiert ist, welche Informationen Sie benötigen und wie sie beschafft werden können. Wenn Sie diese Informationen haben, müssen Sie sie einordnen. Vielleicht ändert sich Ihre Fragestellung dann auch komplett!

Die erste Orientierung

- Notieren Sie zu Anfang alles, was Sie über das Problem bereits wissen. Oft wissen Sie mehr, als Ihnen bewußt ist. In einzelnen Fällen springt vielleicht schon hier eine „kreative Lösung" entgegen. Empfohlene Technik: Mindmapping.
- Halten Sie fest, welche „konventionellen" Lösungsversuche es bereits gegeben hat und warum sie gescheitert sind.
- Klären Sie, welche Informationen Sie benötigen, wie und wann diese beschafft werden können.

Die zweite Orientierungsphase: Ausgangsfrage prüfen!

Sie haben sich einen Überblick verschafft, Informationen gesammelt und sollten nun zu einer erneuten Einschätzung Ihrer Fragestellung kommen. Brauchen Sie weitere Informationen, Hilfsmittel oder Ressourcen? Welche Fragen sind noch offen? Vor allem wäre jetzt zu klären: Ist Ihre Ausgangsfrage richtig gestellt oder sollte sie geändert werden?

Vielleicht ist Ihre Fragestellung zu allgemein oder zu speziell, vielleicht trifft sie nicht den Kern des Problems, vielleicht müssen Sie den Blickwinkel verändern und stoßen dabei auf die „eigentliche Frage". Bei der Analyse hilft Ihnen die Technik „Konzeptfächer".

Sammeln Sie noch mehr Informationen!

In dieser Phase empfiehlt es sich, möglichst viele Informationen aufzunehmen, auch solche, die nicht direkt mit Ihrem Problem zu tun haben. Denn viele Hinweise, die Sie für eine kreative Lösung benötigen, stecken oft in vermeintlichen Randbereichen und sind bis dahin schlicht übersehen worden.

Oder Sie finden eine wichtige Anregung in einem ganz anderen Gebiet. In manchen Fällen ist es sinnvoll, sich mit Themen zu beschäftigen, die mit dem eigentlichen Problem auf den ersten Blick kaum etwas zu tun haben.

■ *Wieviel Zeit und Energie Sie investieren wollen, hängt von Ihnen ab. Sie können die Informationssuche bis ins Unendliche ausdehnen – und werden unter Umständen doch nicht fündig. Sie brauchen ein gewisses Gespür für den Zeitpunkt, wann Sie mit der Informationssuche aufhören sollten.* ■

Welche Technik können Sie einsetzen?

Brainstorming, Mindmapping, Denkhüte und Denkstühle, Funktionsanalyse, morphologischer Kasten, Konzeptfächer.

Dritter Schritt: Machen Sie den „kreativen Sprung"!

Jetzt beginnt die Phase des spielerischen Ausprobierens, des Abdriftens, des divergenten Denkens. Jetzt dürfen Sie „kontrolliert spinnen". Lösen Sie sich von Ihren Vorstellungen, überschreiten Sie Grenzen, lassen Sie die Dinge fließen.

Das ist leichter gesagt als getan, denn am Ende Ihrer geistigen Purzelbäume soll ja eine kreative Idee stehen – und nicht bloß ein origineller Einfall.

Um Ihre Gedanken aus den gewohnten Denkbahnen zu verrücken, gibt es zahlreiche Techniken. Ihr Ziel ist – nach dem Modell von de Bono (→ S. 11 ff.) – der „kreative Sprung": Mithilfe dieser Techniken katapultieren Sie sich zu einer neuen Idee außerhalb Ihres „Denkstroms". Wenn es Ihnen gelingt, von hier aus Anschluß an Ihren gewohnten Denkstrom zu finden, hat die Kreativitätstechnik funktioniert. Sie haben die kreative Idee gefunden.

Die „kreative Sitzung"

Kreativ sein kann man bei fast jeder Gelegenheit. Es fördert jedoch Ihre Kreativität, wenn Sie ihr einen festen Rahmen geben: Die „kreative Sitzung", bei der Sie vorsätzlich und planmäßig neue Gedanken ausprobieren dürfen. Dabei helfen Ihnen die Kreativitätstechniken. Eine „kreative Sitzung" können Sie in der Gruppe oder auch allein abhalten.

Was tun bei Gedankenblockade?

Immer wieder kann es vorkommen, daß Sie festhängen oder daß Ihnen absolut nichts einfällt. Gerade am Anfang geschieht so etwas häufiger. Das sollte Sie nicht verunsichern oder an Ihren kreativen Fähigkeiten zweifeln lassen. Eine „Blockade" hat schließlich jeder einmal. Das beste, was Sie tun können, ist gelassen zu bleiben. Legen Sie eine Pause ein und nehmen Sie dann einen neuen Anlauf. Klappt es auch jetzt noch nicht, brechen Sie Ihre kreative Sitzung ab und widmen Sie sich einer anderen Aufgabe. Das nächste Mal klappt es bestimmt.

Und wenn Sie nur unbrauchbare Einfälle produzieren?

Sicher werden Sie mehr als einmal bei Ihrer Gedankensuche im Abseits landen. Davon sollten Sie sich nicht entmutigen lassen. Kreative Lösungen brauchen meist einen langen Atem. Im nachhinein werden Sie dann feststellen: Jeder Fehlschlag ist ein Schritt auf dem Weg zur Lösung.

Kommen aber auf Dauer nur verdrehte Ideen heraus, die für Sie nicht einmal als „interessante Anregungen" verwertbar sind, kann dies folgende Gründe haben:

- Sie gehen zu streng an die Sache heran. Versuchen Sie, spielerischer zu sein, die Dinge lockerer zu sehen. Lassen Sie sich auch auf Gedanken ein, die Ihnen zunächst bizarr erscheinen.
- Ihr Ziel ist zu ehrgeizig. Vielleicht ist die Zeit noch nicht gekommen, das Problem zu lösen. Wählen Sie sich ein neues, vielleicht eine Nummer kleiner.

- Möglicherweise wissen Sie noch zu wenig über Ihr Thema. Verschaffen Sie sich zusätzliche Informationen.
- Ihr „Assoziationsfeld" ist zu klein. Erweitern Sie es, lernen Sie neue Bereiche kennen.
- Ihnen macht ein Kreativitätskiller (→ S. 47 ff.) zu schaffen. Entziehen Sie sich seinem Einfluß.
- Sie haben die falsche Kreativitätstechnik. Probieren Sie eine andere aus. Vielleicht bringt die Sie auf bessere Ideen.
- Sie geben sich zu wenig Zeit. Kreative Ideen kommen fast immer unangemeldet. Warten Sie ab.

Die „Inkubationszeit"

Vor allem der Faktor Zeit ist außerordentlich wichtig. Sie dürfen nicht erwarten, daß Sie eine Kreativitätstechnik anwenden und dann die Lösung bekommen. Gedanken lassen sich nicht erzwingen, sie müssen reifen. Für die Zeitspanne, in der eine kreative Idee langsam und oft unbemerkt heranwächst, hat sich der Ausdruck „Inkubationszeit" eingebürgert.

Dieser Ausdruck stammt aus der Medizin und bezeichnet ursprünglich die Zeitspanne zwischen Ansteckung und Ausbruch einer Krankheit. Im kreativen Bereich ist das natürlich positiv gemeint: Eine Idee entsteht häufig nicht nach und nach, sondern erscheint unvermittelt als Ganzes, obwohl ihre „Erreger" schon länger wirksam sind.

Der Ideenblitz

Es ist ein verbreitetes Phänomen, daß sich die Lösung gerade dann einstellt, wenn man gerade nicht angestrengt darüber nachdenkt: beim Autofahren, beim Fernsehen, auf einem Spaziergang. Schlagartig wird Ihnen bewußt, was zu tun ist.

Nach einer Umfrage kommen Führungskräfte am häufigsten „in der Natur" auf kreative Ideen. Das heißt natürlich nicht, daß Ihre Arbeit am Schreibtisch nutzlos ist oder daß Sie kreativer werden, wenn Sie häufiger im Wald spazierengehen. Denn der „Ideenblitz" kann Sie natürlich nur erleuchten, wenn Sie vorher die Voraussetzungen dazu geschaffen haben. Wenn das Problem lange genug in Ihnen „gearbeitet" hat. Anders gesagt: Sie müssen die Lösung bereits im Kopf haben, bevor sie herausfallen kann.

Eines sollten Sie sich klarmachen: Es ist notwendig, daß Sie immer wieder Abstand zu Ihrem Problem gewinnen, daß Sie schöpferische Pausen einlegen, geistige Waldspaziergänge unternehmen. Und zwar nicht erst, wenn Sie glauben, daß die Lösung unmittelbar bevorsteht.

Woran erkennen Sie eine kreative Idee?

Es gibt Einfälle, da wissen Sie ganz genau, daß Sie fündig geworden sind. Sie haben die Lösung, Sie müssen Ihre Idee „nur noch" ausarbeiten.

In vielen Fällen gibt es jedoch gar nicht die eine Lösung des Problems, sondern mehr oder weniger sinnvolle Möglichkeiten, die Aufgabe kreativ zu bewältigen. Etwa wenn Sie als Werbetexter einen neuen Slogan entwerfen oder als Marketingleiter über neue Maßnahmen zur Verkaufsförderung nachdenken.

Eine Idee sagt Ihnen zu, aber Sie wissen noch nicht, ob sie funktioniert. Oder Sie sind von keiner Idee so richtig überzeugt, müssen aber innerhalb einer bestimmten Frist ein Ergebnis präsentieren. Dann wählen Sie die besten zwei, drei Vorschläge aus – und unternehmen den nächsten Schritt: die Ausarbeitung.

Welche Technik können Sie einsetzen?

Brainstorming, Brainwriting, Bisoziation, Synektik, mentale Provokation, Denkstühle und Denkhüte, Reizwort-Analyse.

Vierter Schritt: Bewerten und ausarbeiten!

Achtung! Hier müssen Sie die Denkrichtung ändern. Sie sind nicht länger schöpferisch tätig, sondern müssen Ihre Idee kritisch unter die Lupe nehmen und sorgfältig ausarbeiten. Divergente Abwege sind nicht mehr gefragt, nun sollten Sie Ihren konvergenten Verstand einschalten.

Wenn Sie unter Termindruck arbeiten, sollten Sie ausreichend Zeit für die Ausarbeitung einplanen. Vermutlich werden Sie Ihren Auftraggeber mit einem nur halbgenialen, aber sauber ausgearbeiteten Vorschlag eher überzeugen als mit einem halbgaren Geniestreich.

Formulieren Sie die Idee aus, schriftlich, präzise und positiv. Dann arbeiten Sie die Checkliste durch.

Checkliste zur Beurteilung Ihrer kreativen Ideen

● Ist die Idee realisierbar? ______	❑
● Unter welchen Voraussetzungen? ______	❑
● Welchen Nutzen hat die Idee? ______	❑
● Welche Kosten verursacht sie? ______	❑
● Welche weiteren Konsequenzen könnte diese Idee haben? ______	❑

● Zu welchem Preis soll die Idee/ das Produkt verkauft werden? ________	❑
● Wie ist die Idee im Vergleich zur Konkurrenz? ________	❑
● Gibt es noch überflüssigen Ballast? ________	❑
● Welche Schwächen hat die Idee? Wie lassen sie sich verhindern oder minimieren? ________	❑
● Wer ist bereit, die Idee durchzusetzen? Wer muß noch gewonnen werden? ________	❑
● Ist die Idee einleuchtend? ________	❑
● Wollen Sie die Veränderungen, die mit der Idee verbunden sind? Paßt die Idee zu Ihnen und Ihrer Persönlichkeit? ________	❑

■ *Die Ausarbeitungsphase wird sehr häufig unterschätzt. In vielen Kreativitätsbüchern kommt sie nur am Rande vor, dabei ist eine kreative Idee ohne Ausarbeitung wie ein Flügel ohne Vogel.* ■

Weiter ausarbeiten oder verwerfen?

Aus Ihren Antworten ergeben sich Hinweise, wo Sie weiterarbeiten müssen, was noch zu klären und was noch zu verbessern ist. Allerdings: Fast jede Ihrer Antworten kann Ihrer Idee auch den Todesstoß versetzen.

Beispiel
Wenn Sie feststellen, daß Ihre Idee zu hohe Kosten verursacht, müssen Sie diesen Mißstand korrigieren. Prüfen Sie alle denkbaren Alternativen, wie Sie die Kosten reduzieren können. Finden Sie keine Lösung, können

Sie sich diesen einen Punkt zum Ziel setzen und bei Schritt 2 wieder in den kreativen Prozeß einsteigen – vorausgesetzt, die Idee hat nicht noch weitere eminente Schwachpunkte. Sonst sollten Sie – auch wenn es schwerfällt – die Idee aufgeben. Dies gilt auch für den Fall, wenn Sie definitiv wissen, daß sich dieser Mangel nicht abstellen läßt.

Vorsicht, Denkfalle!

Allerdings sollten Sie einen gar nicht so seltenen Fall vermeiden: Daß Sie im dritten Schritt tollkühne Ideen produzieren, die Sie dann im vierten Schritt regelmäßig wieder verwerfen.

Seien Sie nicht plötzlich übervorsichtig, aber auch nicht überkritisch. Seien Sie konstruktiv. Spüren Sie die positiven Aspekte auf. Vorrangig muß es Ihr Ziel sein, die Idee zu verbessern und feinzuschleifen. Erst wenn das nicht möglich ist, sollten Sie die Idee wieder fallenlassen.

Zweiter Check

Haben Sie Ihre Idee ausgearbeitet, gehen Sie nochmals die Checkliste durch. Gibt es noch Schwachpunkte? Alle kleinen Mängel werden Sie nicht abstellen können, und manches müssen Sie sicher offenlassen.

Entscheidend ist: Sie müssen Ihre Idee jetzt akzeptieren und vertreten können. Ist dies nicht der Fall, sind Sie mit Ihrer Ausarbeitung noch nicht am Ende. Denn wenn Sie nicht so recht von ihr überzeugt sind, dürfen Sie nicht erwarten, daß sich andere von ihr mitreißen lassen. Schließlich steht Ihnen noch der entscheidende letzte Schritt bevor: Die Idee auch durchzusetzen.

Welche Technik können Sie einsetzen?

Die obige Ideen-Checkliste.

Fünfter Schritt: Setzen Sie Ihre kreative Lösung durch!

Nicht immer werden kreative Ideen mit offenen Armen aufgenommen. Neue Ideen werden zwar allenthalben angemahnt, aber sehr oft nicht angenommen. Lang ist die Liste bahnbrechender Ideen, die zunächst abgelehnt wurden, bis sie endlich jemand verwirklicht hat.

Die Gründe dafür sind vielfältig:

- Tendenziell hat es das Neue schwer, sich durchzusetzen, weil es das Alte, Vertraute und Bewährte verdrängen muß.
- Der Ruf nach Innovationen ist oft nur ein Lippenbekenntnis. Unternehmen investieren oft viel Geld in Neuentwicklungen, die sie nicht aufgreifen, weil sie befürchten, die altbekannten Probleme durch neue zu ersetzen.

Kritikern den Wind aus den Segeln nehmen

Sie müssen mit Widerstand rechnen. Auch wenn Sie beauftragt worden sind, ein konkretes Problem zu lösen, brauchen Sie noch viel Energie, gerade Ihre Lösung durchzusetzen. Sie müssen Überzeugungsarbeit leisten. Und dabei können Sie meist gar nicht hartnäckig genug sein.

Auf jeden Fall sollten Sie sich mit möglichen Einwänden auseinandersetzen, bevor Sie Ihre Idee präsentieren. Überlegen Sie sich gut, wie Sie diese Kritik entkräften. Besonders gründlich müssen Sie sich auf Sachargumente vorbereiten. Wie Sie dabei am besten vorgehen, kommt ganz auf den Einzelfall an.

Rechnen Sie aber auch mit den folgenden unsachlichen Standardargumenten:

- „Das Geld sollten wir lieber für xy ausgeben."
- „Gut und schön, aber in der Praxis funktioniert das nicht!"
- „Das haben wir schon mal versucht. Ohne Erfolg."
- „Der Kunde will sowas nicht haben!"
- „Wenn das klappen würde, wäre man bestimmt schon längst darauf gekommen."
- „Das widerspricht unseren Erfahrungen."
- „Experte xy ist zu einem ganz anderen Ergebnis gekommen."

Heben Sie den Nutzen hervor!

Im wesentlichen kommt es darauf an, daß Sie den Nutzen herausstreichen. Wenn Sie viele starke Argumente haben, heben Sie sich das beste für den Schluß auf. Schwächere Argumente lassen Sie ganz weg, denn Ihre Argumentation ist nur so stark wie das schwächste Glied. Ein einziges starkes Argument ist überzeugender als ein starkes und zwei schwache. Heben Sie besonders hervor:

- Was leistet Ihre Idee?
- Welche Vorteile ergeben sich, wenn sie umgesetzt wird?
- Welche Nachteile, wenn alles beim alten bleibt?

Suchen Sie sich Verbündete

Überlegen Sie, wer von Ihrer Idee profitieren könnte. Wer könnte Sie unterstützen? Und wie? Können Sie Leute mobilisieren, die Ihnen in wichtigen Teilbereichen helfen?

Gibt es Leute, die für die Durchsetzung Ihrer Idee besonders wichtig sind? Wer hat Einfluß auf diese Leute? Gibt es Alternativen?

▪ *Auf jeden Fall lohnt es sich, für Ihre Idee zu werben. Denn keine Idee setzt sich von alleine durch. Sie brauchen Unterstützung. Können Sie diejenigen nicht gewinnen, auf die es ankommt, kann Ihre Idee noch so brillant sein, sie wird vergessen.* ▪

Die elf Kreativitätskiller

Sicherheitsdenken, geringe Fehlertoleranz

Der sicherste Weg, Kreativität zu verhindern: keine Fehler und Irrtümer zuzulassen. Wer sich keine Fehler leisten kann, denkt defensiv. Er geht auf Nummer sicher. Sollten ihm neue Ideen in den Sinn kommen, wird er kaum den Mut aufbringen, sie auszuprobieren.

Was Sie dagegen tun können

- Haben Sie Mut zum Risiko. Schaffen Sie Bereiche, in denen Sie gefahrlos experimentieren können.
- Im Unternehmen: Wecken Sie die Bereitschaft, neue Dinge auszuprobieren. Kalkulieren Sie Fehlschläge ein.

Konkurrenzdruck

Konkurrenzdruck gilt vielfach als bewährtes Mittel, um Mitarbeiter zu besseren Leistungen anzuspornen, ist jedoch auf jeden Fall ungeeignet, um Kreativität zu fördern. Wer den Konkurrenten im Nacken spürt, hat wenig Sinn für schöpferische Gedankenspiele. Seine Energie richtet sich gegen den Konkurrenten, nicht auf das Problem. Weiterhin erschwert Konkurrenzdruck Zusammenarbeit und Kommunikation, zwei wesentliche Voraussetzungen für kreatives Arbeiten.

Was Sie dagegen tun können

- Sorgen Sie für ein entspanntes Arbeitsklima, in dem sich Kreativität entfalten kann.

"WENN DIE REAKTION POSITIV IST, SAGEN SIE, ES WAR MEINE IDEE."

- Für Ihr Unternehmen: Vermeiden Sie ausgesprochene Wettbewerbssituationen, in denen Mitarbeiter kreativ sein sollen. Bremsen Sie Kollegen, die sich auf Kosten anderer profilieren.

Erwartungsdenken

Bei den meisten Dingen, die Sie unternehmen, wissen Sie vorher ganz genau, was geschehen wird. Das ist auch sinnvoll, denn es gibt Ihnen Sicherheit, entlastet Ihr Denken und Ihre

Wahrnehmung. Die Kehrseite dieses Phänomens nennen die Psychologen Erwartungsdenken oder set thinking: Sie nehmen genau das wahr, was Sie erwarten. Das macht Sie blind für Abweichungen, Nuancen oder neue Erfahrungen. Sie sind unfähig, etwas zu entdecken, weil sich Ihre Wahrnehmungen nur noch selbst bestätigen. Ihr Denken steckt in einem Käfig.

Was Sie dagegen tun können

- Schärfen Sie Ihre Aufmerksamkeit. Versuchen Sie, die Dinge möglichst unvoreingenommen zu betrachten – gerade wenn Sie schon sehr gut darüber Bescheid wissen. Nehmen Sie die Dinge einmal aus einer völlig ungewohnten Perspektive wahr. Stellen Sie probehalber Dinge in Frage, die Sie für selbstverständlich halten.

Belohnungen

Nur auf den ersten Blick ein Paradox: Wer auf eine Belohnung hinarbeitet, ist selten kreativ. Der Grund: Er ist an der Prämie interessiert, nicht an der Lösung des Problems. Kreative Menschen finden in der Aufgabe selbst den größten Anreiz.

Wie Sie Belohnungen richtig einsetzen

- Wenn Sie selbst kreativ sein wollen, sollte für Sie nicht die Belohnung, sondern das Problem im Vordergrund stehen.
- Für Ihr Unternehmen gilt: Kreative Leistungen fördern, aber nicht übermäßig prämieren. Wie die Kreativitätsforscherin Teresa Amabile festgestellt hat, wird uns das Vergnügen an der Sache selbst genommen, wenn wir nur auf

Belohnung hin arbeiten. Allerdings: Anerkennung und eine angemessene Prämie für kreative Leistungen sind durchaus sinnvoll.

Sprunghaftigkeit

Wer viele, immer neue Einfälle hat, gilt als kreativ. Häufig wird vergessen, daß eine kreative Idee nicht nur ungewöhnlich, sondern auch brauchbar sein sollte. Kreative Ideen müssen ausgearbeitet werden. Oft ist das ein mühsamer, langwieriger Prozeß, den Sie nicht durchstehen, wenn Sie gleich zum nächsten Einfall übergehen, sobald sich die ersten Schwierigkeiten bemerkbar machen.

Was Sie dagegen tun können

- Versuchen Sie, Ihre Ziele aufmerksam und hartnäckig zu verfolgen. Konzentrieren Sie Ihre Energie auf einen Vorschlag und arbeiten Sie ihn gründlich aus.
- In Ihrem Unternehmen: Lassen Sie sich von brillanten Ideenfeuerwerken nicht beeindrucken, lenken Sie die Aufmerksamkeit auf die Lösung des Problems.

Zeitdruck

Vielfach genießt er einen ausgezeichneten Ruf. Nicht wenige Kreative behaupten, daß sie unter Zeitdruck besonders gut arbeiten könnten. Was allerdings auch eine Selbsttäuschung sein kann. Denn viele Kreative pflegen die Arbeitstechnik der „letzten Minute"; das heißt, sie lassen die Arbeit lange Zeit liegen, um sie dann in einem titanischen Akt un-

unterbrochenen Schuftens gerade noch rechtzeitig fertigzustellen. Dabei gerät in Vergessenheit, daß die scheinbar müßige Zeit meist als „Inkubationsphase" dient, in der die kreativen Ideen bebrütet werden, die dann in der produktiven Endphase ausschlüpfen können.

Wem wirklich wenig Zeit zu Verfügung steht, kann sich in der Regel nicht erlauben, seine Gedanken ausführlich spazierenzuführen und verschiedene Möglichkeiten zu ergründen. Er steht unter Streß und greift sich den ersten brauchbaren Gedanken. Wer in Verzug gerät, reagiert oft panisch und bringt gar kein Ergebnis zustande.

Was Sie dagegen tun können

- Planen Sie genügend Zeit ein und legen Sie immer wieder schöpferische Pausen ein. Wenn Sie die Arbeitstechnik der „letzten Minute" verinnerlicht haben, sollten Sie ein Gespür dafür entwickeln, wie lang Ihre Anlaufphase sein darf und wann Sie loslegen müssen.
- Für Ihr Unternehmen: Mitarbeiter bei kreativen Aufgaben nicht zeitlich unter Druck setzen.

Schlechte Rahmenbedingungen

Weithin unterschätzter Kreativitätskiller: Viele kreative Meetings finden in einer Atmosphäre statt, die den Teilnehmern jede Lust am Fabulieren austreibt. Wenn Mitarbeiter in einem Raum, in dem sie sonst ihre alltägliche Arbeit verrichten, auf Kommando kreativ sein sollen, geht das in der Regel schief. Auch viele Besprechungszimmer sind als Schauplatz kreativer Höhenflüge ungeeignet. Und wenn dann das kreative Meeting noch in der Mittagspause oder am Abend stattfindet, wenn alle hungrig, müde und ausgelaugt sind, dürften selbst die kreativsten Köpfe leer sein.

Was Sie dagegen tun können

- Sie müssen keinen großen Aufwand treiben, um eine geeignete Atmosphäre herzustellen. Entscheidend ist: Setzen Sie Ihre „kreative Sitzung" zeitlich und räumlich ab von der alltäglichen Arbeit. Sorgen Sie dafür, daß keine Unterbrechungen möglich sind.

Selbstzufriedenheit

Eine gute Portion Selbstbewußtsein ist der eigenen Kreativität eher dienlich. Doch wenn Selbstbewußtsein in Selbstzufriedenheit umschlägt, wirkt sich das in der Regel lähmend aus. Es ist ja alles in bester Ordnung, weshalb sollte man daran etwas ändern?

Was Sie dagegen tun können

- Ruhen Sie sich nicht auf Ihren Erfolgen aus. Verfolgen Sie aufmerksam Entwicklungen und Trends in Ihrem Umfeld. Seien Sie neugierig.
- In Ihrem Unternehmen: Selbstzufriedene Mitarbeiter neigen zur Trägheit. Machen Sie ihnen klar, was Sie von ihnen erwarten. Versuchen Sie, ihren Ehrgeiz zu wecken.

Gleichgültigkeit, Desinteresse

Wen seine Aufgabe nicht besonders interessiert, der wird nicht kreativ sein. Ein gewisser Enthusiasmus gehört einfach dazu. Kreative Menschen versenken sich in ihre Aufgabe und haben ein großes Interesse am Gelingen. Mitarbeiter, die nur „ihren Job" machen, sind für kreative Aufgaben ungeeignet.

Was Sie dagegen tun können

- Erschließen Sie die interessanten Aspekte Ihrer Aufgabe. Lassen Sie sich auf Ihre Aufgabe ein. Entwickeln Sie Neugier. Für Ihr Unternehmen: Beauftragen Sie keine Mitarbeiter mit kreativen Aufgaben, die dafür nicht motiviert sind.

Ungünstige Unternehmensstruktur

Auch die besten Ideen versanden, wenn in Ihrem Unternehmen die Voraussetzungen fehlen, kreative Neuerungen aufzunehmen. Wenn die Transparenz fehlt, wenn die interne Kommunikation zu wünschen übrig läßt, wenn es zu viele Hierarchieebenen gibt und die Entscheidungswege lang sind, dann beißen sich auch die kreativsten Mitarbeiter schnell die Zähne aus.

Wenn Kreativität überhaupt gepflegt wird, ist sie für die Mitarbeiter längst zur lästigen Pflichtübung verkommen. Sie produzieren kreative Ideen nur zum Schein, da sie sicher sein können, daß kein Vorschlag eine Chance hat durchzukommen. Die Vorschläge sind entsprechend unbrauchbar. Besteht wirklich einmal Bedarf an kreativen Leistungen, werden sie von außen eingekauft.

Was Sie dagegen tun können

- Wenn Sie es sich zutrauen: Reformieren Sie das Unternehmen! Eine Aufgabe, die sehr viel Energie und Kreativität erfordert. Ansonsten sollten Sie sich keinen Illusionen hingeben: Kreativ sein können Sie anderswo.

Mangelndes Selbstbewußtsein

„Das schaffe ich nie", glauben viele Mitarbeiter, wenn sie eine Aufgabe übernehmen sollen, die abseits ihrer gewohnten Tätigkeit liegt und daher einiges an Kreativität erfordert. Ein echter Kreativitätskiller, denn wer sich wenig zutraut, geht kein Risiko ein – weil er überzeugt ist, ohnehin zu scheitern.

Das ist schade, weil das kreative Potential solcher Mitarbeiter oft groß ist und ungenutzt bleibt.

Was Sie dagegen tun können

- Trauen Sie sich mehr zu! Probieren Sie Verschiedenes aus, auch und gerade Dinge, die Sie noch nie getan haben. Sie werden überrascht sein, was Ihnen alles gelingt. Setzen Sie sich angemessene Ziele (→ S. 31).
- Für Ihr Unternehmen: Stärken Sie das Selbstbewußtsein Ihrer Mitarbeiter. Loben Sie gelungene Ergebnisse. Vertrauen Sie auf die Kompetenz Ihrer Mitarbeiter.

Die Kreativitätstechniken

Brainstorming

Brainstorming ist die älteste, bekannteste und beliebteste Kreativitätstechnik. Sie ist geeignet für Gruppen zwischen vier und acht Teilnehmern.

Zwar ist dieser Klassiker mittlerweile ein wenig in Verruf geraten, seit mehrere Studien die Effektivität dieser Methode in Zweifel gezogen haben. Dennoch wird sie in vielen bedeutenden Unternehmen und Werbeagenturen eingesetzt.

Was leistet Brainstorming?

Mit Brainstorming produzieren Sie innerhalb relativ kurzer Zeit eine Vielzahl von Ideen. Sie erhalten zahlreiche Anstöße, originelle Lösungen, die sich weiterverarbeiten lassen.

Brainstorming ist gut einsetzbar, wenn Sie bei Ihrem Problem noch am Anfang stehen, wenn Sie viele Ideen benötigen und wenn die Fragestellung relativ konkret ist.

Für welche Bereiche ist es besonders geeignet?

- für alle Bereiche, in denen eine breite Streuung der Lösungen vorteilhaft ist. Zum Beispiel Werbung.

- für alle Bereiche, die die Gruppe selbst betreffen, da Brainstorming eine höhere Akzeptanz der Lösung ermöglicht. Zum Beispiel: Wie lassen sich Fehlzeiten in unserem Betrieb reduzieren?
- für Probleme, bei denen Experten aus unterschiedlichen Bereichen zusammenarbeiten müssen.

Wofür ist es weniger geeignet?

- für komplexe Probleme
- wenn ein bestimmtes Spezialwissen erforderlich ist, die Gruppe aber nicht nur aus Experten besteht.

- wenn Spannungen in der Gruppe bestehen oder einzelne Teilnehmer höherrangig sind als andere.

Was benötigen Sie für Brainstorming?

- eine Gruppe mit vier bis acht, maximal zwölf Teilnehmern
- einen Moderator, der auch die Vorschläge protokolliert
- Flipchart, Tafel oder Moderationswand zum Aufzeichnen der Vorschläge

Dauer: Ideenfindungsphase: ca. 15–20 Minuten, Bewertungsphase: ca. 30–40 Minuten

Brainstorming ist eine ungemein flexible Kreativitätstechnik, die fast in allen Bereichen Verwendung findet, in denen kreativ gedacht werden soll.

Wie läuft eine Brainstormingsitzung ab?

Der Moderator stellt das Thema vor und erklärt den Teilnehmern die Regeln, sofern sie noch nicht bekannt sind. Der Moderator wacht über dic Einhaltung der Regeln, die im übrigen nur während der Ideenfindungsphase gelten. Die Teilnehmer sind nun aufgerufen, spontan Vorschläge zu äußern.

Die vier Grundregeln

1. Kritik ist untersagt. Kein Vorschlag darf beurteilt werden, ehe nicht alle Vorschläge geäußert worden sind.
2. Wilde Ideen sind willkommen. Der Grund: Es ist leichter, Ideen abzuschwächen, als sie zu entwickeln.

3 Entwickeln Sie so viele Vorschläge wie möglich. Quantität geht vor Qualität.

4 Greifen Sie die Ideen anderer auf! Entwickeln Sie sie weiter und kombinieren sie neu!

Die zwei Wellen der Ideenproduktion

Erfahrungsgemäß gehen nach fünf bis zehn Minuten den Teilnehmern die Ideen aus. Auch wenn es so scheint, daß keinem mehr etwas einfiele, sollten Sie die Sitzung auf keinen Fall beenden. Machen Sie weiter! Die Teilnehmer werden meist nach kurzer Zeit weitere Vorschläge machen, zwar nicht mehr so viele, häufig aber originellere. Es lohnt sich also, die zweite Welle der Ideen abzuwarten. Manche Gruppen schaffen auch eine dritte.

Die Bewertungsphase

Sie sollte deutlich von der Phase der Ideenproduktion abgesetzt sein, also mindestens nach einer Pause stattfinden. Manchmal empfiehlt es sich, die Bewertungsphase erst am folgenden Tag zu beginnen. Denn die Teilnehmer müssen „geistig umschalten". Nun ist sachliche Kritik durchaus erwünscht und die „wilden Ideen" müssen auf ihre Brauchbarkeit hin untersucht werden.

Die Teilnehmer bewerten alle Vorschläge: Wie praktikabel sind sie und wie sehr sagen sie uns gefühlsmäßig zu? Entweder legen Sie eine Rangfolge der Ideen fest oder Sie wählen nur eine einzige aus, die dann ausgearbeitet wird. Die verbliebenen Ideen können mit der → Osborn-Checkliste nachbearbeitet werden.

Die Rolle des Moderators

Ein guter Moderator kann ganz entscheidend zum Gelingen des Brainstormings beitragen. Er darf sich nicht einmischen, in den Vordergrund spielen und auf keinen Fall selbst Vorschläge machen. Seine Aufgabe besteht darin,

- für eine vertrauensvolle Atmosphäre zu sorgen,
- alle Teilnehmer zu ermutigen, sich zu beteiligen,
- auf die Einhaltung der Regeln zu achten (vor allem darauf, daß niemand die Vorschläge bewertet),
- alle Vorschläge aufzuzeichnen, ohne Kommentar und ohne sie abzuändern,
- die Bewertung zu leiten, ohne selbst Stellung zu beziehen,
- dafür zu sorgen, daß die Bewertung sachlich verläuft.

Die Zusammensetzung der Gruppe

Achten Sie darauf, daß es innerhalb der Gruppe keinen ausgeprägten Konkurrenzneid gibt oder Statuskämpfe zu befürchten sind. Besonders günstig sind die Voraussetzungen, wenn es sich um ein „eingespieltes Team" handelt.

Umstritten ist, wie sinnvoll Brainstorming mit zufällig zusammengewürfelten Teilnehmern ist. Manche schwören darauf, weil sie sich Anregungen aus den unterschiedlichsten Blickwinkeln davon versprechen, andere bezweifeln, daß dabei ein brauchbares Ergebnis herauskommt.

Ist Brainstorming überflüssig?

Nach der überschwenglichen Euphorie in den 60er und 70er Jahren haben mehrere Studien Zweifel an der Wirksamkeit dieser Methode gesät. Diese Studien widerlegen, daß ein Brainstorming zwangsläufig zu mehr und besseren Ergebnissen führt, als wenn jeder Teilnehmer einzeln nach einer Lösung sucht.

Dies hat zu einer Neubewertung geführt: Brainstorming gilt heute als eine wichtige Kreativitätstechnik, die auch im Urteil ihrer Kritiker eine „höchst effiziente Technik zur Stimulierung des kreativen Denkens darstellt" (Robert Weisberg). Sie führt auch zu brauchbaren Ergebnissen, wie sich belegen läßt. Allerdings ist sie kein kreatives Allheilmittel.

■ *Am sinnvollsten läßt sich Brainstorming in Kombination mit kreativer Einzelarbeit einsetzen.* ■

Varianten

Stop-and-go-Brainstorming

Auch „progressives Brainstorming". Hierbei wechseln sich mehrere kurze Phasen der Ideenproduktion (5–10 Minuten) mit ebenso kurzen Phasen der Bewertung ab.

Destruktiv-Konstruktiv-Brainstorming

Eine interessante Variante, die bei General Electric entwickelt worden sein soll. Dabei gibt es zwei Phasen der Ideenfindung:

1 Zunächst sollen möglichst viele negative Ideen geäußert werden, Dinge, die eine Lösung verhindern.

2 Im zweiten Schritt erst dürfen die Teilnehmer konstruktive Vorschläge äußern. Auf diese Weise sollen die Ideen reicher und origineller werden.

Einzel-Brainstorming

Für den Ideenwirbel brauchen Sie nicht unbedingt eine Gruppe. Es geht auch allein. Der Ablauf ist derselbe. Solange Sie Ideen produzieren, dürfen Sie sich nicht selbst bewerten. Danach müssen Sie Ihren „wilde Ideen" mit kritischem Verstand zu Leibe rücken.

Ein Verfahren, das ein wenig Selbstüberlistung erfordert, aber mit etwas Übung doch funktioniert. Es ist ratsam, die Bewertungsphase nicht gleich anzuschließen, sondern damit ein, zwei Tage zu warten.

Sandwich-Brainstorming

Hierbei wechseln Phasen der kollektiven und der individuellen Ideenproduktion einander ab.

Brainwriting

Brainwriting funktioniert wie → Brainstorming, allerdings werden alle Einfälle schriftlich festgehalten. Es gibt zwei sehr unterschiedliche Varianten:

- die bekanntere, die **Methode 635** hat viel Tempo, setzt auf die kreativitätsfördernde Wirkung von kurzzeitigem Streß und auf die Originalität spontaner Antworten;
- die **Collective-Notebook-Methode** ist langwieriger, aber auch gründlicher sowie zeitlich und räumlich flexibler.

Was leistet Brainwriting?

Beim Brainwriting produzieren Sie in der Regel noch mehr Ideen als beim Brainstorming. Als weitere Vorteile gelten:

- Gruppendynamische Prozesse spielen kaum eine Rolle,
- die Zahl der Teilnehmer ist theoretisch unbegrenzt,
- Sie benötigen keinen Moderator, der manchmal kreative Ideen eher verhindert, als daß er sie voranbringt.

Für welche Fälle ist es besonders geeignet?

- einfache, klar strukturierte Fragen (Methode 635) / auch komplexere Probleme (Collective-Notebook)
- Textaufgaben, d.h., wenn Titel, Namen oder Headlines gesucht werden
- wenn Teilnehmer schwer verfügbar sind (Collective-Notebook)
- wenn es Kommunikationsprobleme in der Gruppe gibt oder kein Moderator zu Verfügung steht

Wofür ist es weniger geeignet?

- komplexe Fragen (Methode 635)
- wenn einzelne Teilnehmer ein deutlich höheres Fachwissen haben
- wenn die Zahl der Lösungen von vornherein stark eingeschränkt ist

Was benötigen Sie für Brainwriting?

- eine Gruppe, im Idealfall mit sechs Teilnehmern (Methode 635), theoretisch ist die Anzahl variabel
- Schreibzeug und Papier (im Idealfall vorbereitete Formulare)

Wie läuft das Brainwriting ab?

Methode 635

Jeder Teilnehmer bekommt ein Blatt ausgehändigt, auf dem die Fragestellung vorformuliert ist. In den kommenden fünf Minuten listet er drei Lösungsvorschläge auf, reicht das Blatt an seinen Nachbarn weiter und bekommt seinerseits ein Blatt, auf dem bereits drei Vorschläge notiert sind. Idealerweise läßt er sich von den drei Vorschlägen anregen, schreibt in den nächsten fünf Minuten drei neue Ideen hinzu und gibt das Blatt weiter.

Die Sitzung ist beendet, wenn jeder Teilnehmer jedes Blatt gehabt hat. Bei der Idealzahl von sechs Teilnehmern also nach einer guten halben Stunde. In dieser Zeit sind $6 \times 3 \times 6 = 108$

Vorschläge entstanden. Die Auswertung verläuft wie beim → Brainstorming.

Collective-Notebook-Methode

Jeder Teilnehmer erhält ein Notizbuch mit der Problemstellung. Innerhalb einer vorher festgelegten Frist (zum Beispiel eines Tages) analysiert er das Problem und macht Lösungsvorschläge. Die Notizbücher können auch ausgetauscht werden, neue Vorschläge hinzugeschrieben werden. Dies müssen Sie aber vorher genau festlegen.

Nach einer bestimmten Zeit werden die Notizbücher eingesammelt und ausgewertet. Die Auswertung erfordert relativ viel Zeit. Grundsätzlich sind mehrere Möglichkeiten denkbar: Entweder bewerten die Teilnehmer selbst ihre Ideen, oder nur eine begrenzte Anzahl von ihnen bildet die Jury oder aber eine unbeteiligte Instanz.

„Kreativer Streß" oder Selbstdisziplin?

Methode 635

Die Methode 635 setzt die Teilnehmer gehörig unter Druck. Innerhalb kürzester Zeit eine Vielzahl von Ideen zu produzieren, das wird von einigen als Blockade empfunden.

Andere erleben diese Art von Streß als sehr positiv. Man ist gezwungen, sich zu konzentrieren, kann sich nicht in der Gruppe verstecken oder Vorschläge zerreden, was manchmal beim → Brainstorming geschieht. Hier hingegen kommen nicht nur mehr Ideen zusammen, sondern das Verfahren nötigt die Teilnehmer, gedanklich neue Wege einzuschlagen.

Und zwar immer wieder. Auf diese Weise lassen sich erstaunliche Entdeckungen machen. Angenehmer Nebeneffekt: Viele sind erstaunt, wie produktiv sie sein können.

Wie gut Sie oder Ihre Mitarbeiter unter „kreativem Streß" arbeiten, sollten Sie zunächst in einem kleinen Rahmen ausprobieren. Nicht jedem bekommt nämlich der „kreative Streß" – was nichts mit seiner Kreativität zu tun hat.

▪ *Auch wenn Sie mit der Methode 635 gut zurechtkommen, sollten Sie diese Technik nur wohldosiert einsetzen.* ▪

Collective-Notebook

Gegenüber der Methode 635 besitzt die Collective-Notebook-Methode drei wesentliche Vorzüge:

- Es können auch Mitarbeiter teilnehmen, die schwer verfügbar oder zeitlich stark beansprucht sind.
- Sie können die Fragestellung gründlicher durchdringen, da Ihnen wesentlich mehr Zeit zu Verfügung steht.
- Es können auch Ideen mit einfließen, die Ihnen einfallen, wenn Sie sich nicht bewußt mit dem Problem beschäftigen.

Das bedeutet allerdings keineswegs, daß diese Methode in jedem Fall wirksamer ist. Sie funktioniert nur unter einer Voraussetzung, die gar nicht so selbstverständlich ist, wie sie vielleicht klingt: Alle Teilnehmer müssen so viel Selbstdisziplin aufbringen, ihre „kreativen Notizbücher" auch zu führen.

Mindmapping

Mindmapping ist schnell zu erlernen, universell einsetzbar, und es kommt eigentlich immer etwas dabei heraus. Kein Wunder also, daß sich diese von Tony Buzan entwickelte Technik steigender Beliebtheit erfreut. Mindmapping schafft Übersicht und bringt Sie mit einfachen Mitteln auf neue Ideen.

Was leistet Mindmapping?

Mindmapping aktiviert Ihr bildlich-räumliches Denken und ermöglicht Ihnen eine neue Sichtweise. Indem Sie Ihr Thema im wörtlichen Sinne „abbilden", können Sie es neu strukturieren. Sie können die wesentlichen Punkte herausarbeiten, neue Verbindungen herstellen und Nebenaspekte beleuchten. Da Mindmaps eine offene Struktur haben, können sie später ergänzt werden.

Für welche Bereiche ist es besonders geeignet?

- Problemanalyse
- Planung und Strategie
- Überblick über komplexe Themen
- Vorbereitung von Referaten, Reden, Aufsätzen

Wo liegen seine Schwächen?

- komplexe Sachverhalte werden stark verkürzt
- „Mindmapper" erliegen leicht der Illusion, ein Problem zu überblicken, auch wenn das nicht der Fall ist
- Bilder können suggestiv wirken, Ihr Denken in die falsche Richtung lenken

Was benötigen Sie für Mindmapping?

- einen großen Bogen Papier (mindestens DIN-A4)
- Stifte, möglichst in verschiedenen Farben

Dauer: etwa 20–30 Minuten

Mindmaps eignen sich sehr gut als Erinnerungsstütze: Wenn Sie später ein Thema wieder aufgreifen, haben Sie schnell Ihre Orientierung gefunden.

Wie erstellen Sie Ihre erste Mindmap?

Sie beginnen in der Mitte des Blattes. Dorthin schreiben Sie den zentralen Begriff, um den es geht, oder besser noch: Sie malen Ihr Thema. Auch und gerade wenn es um ein abstraktes Thema geht, sollten Sie versuchen, ein Bild dafür zu finden.

Beispiel
Wenn Sie eine Mindmap über Kreativität erstellen wollen, zeichnen Sie etwas, was für Sie diesen Begriff am besten zum Ausdruck bringt: Vielleicht einen Ideenblitz, eine leuchtende Glühbirne, einen Schlüssel, das Ei des Kolumbus oder irgend etwas, was Sie mit Kreativität verbinden.

Ausgehend von diesem zentralen Bild oder Begriff lassen Sie mehrere Linien abzweigen, auf jede Linie schreiben Sie einen Begriff, den Sie aus Ihrem Thema ableiten. Überlegen Sie nicht lange, sondern schreiben Sie einfach auf, was Ihnen in den Sinn kommt.

Nehmen wir als Beispiel das Thema Kreativität. Hier können Sie etwa Begriffe wie Innovationen, Kreativitätstechniken, Persönlichkeit, Rahmenbedingungen und kreativer Prozeß unterbringen. Ausgehend von diesen Begriffen fallen Ihnen dann wieder andere ein, die Sie auf neue Linien schreiben. Sie erkennen Zusammenhänge, Ihnen fallen vielleicht auch etwas abseitige Aspekte ein usw. So füllt sich nach und nach Ihr Blatt. Probieren Sie es einfach einmal. Ihre erste Mindmap ist dann fertig, wenn Sie das Gefühl haben, Ihnen fällt nichts mehr ein, oder Sie haben das wichtigste notiert.

Wie eine Mini-Mindmap zum Thema Kreativität aussehen könnte, sehen Sie auf Seite 70.

Stichwörter für den Geist

Tony Buzan hat für die Gestaltung der Mindmaps sieben Grundregeln formuliert:

1. Beginnen Sie mit einem farbigen Bild in der Mitte.
2. Schreiben Sie alle Wörter in Großbuchstaben. Das fördert die Übersichtlichkeit.
3. Die Wörter sollen auf Linien stehen. Jede Linie soll mit anderen Linien verbunden sein.
4. Verwenden Sie möglichst nur ein Stichwort pro Linie.
5. Wo es möglichst ist, fügen Sie Bilder und Symbole ein.
6. Benutzen Sie möglichst viele Farben.
7. Ignorieren Sie Ihr kontrolliertes Denken. Halten Sie möglichst alles fest, was Ihnen im Zusammenhang mit der Zentralidee in den Sinn kommt.

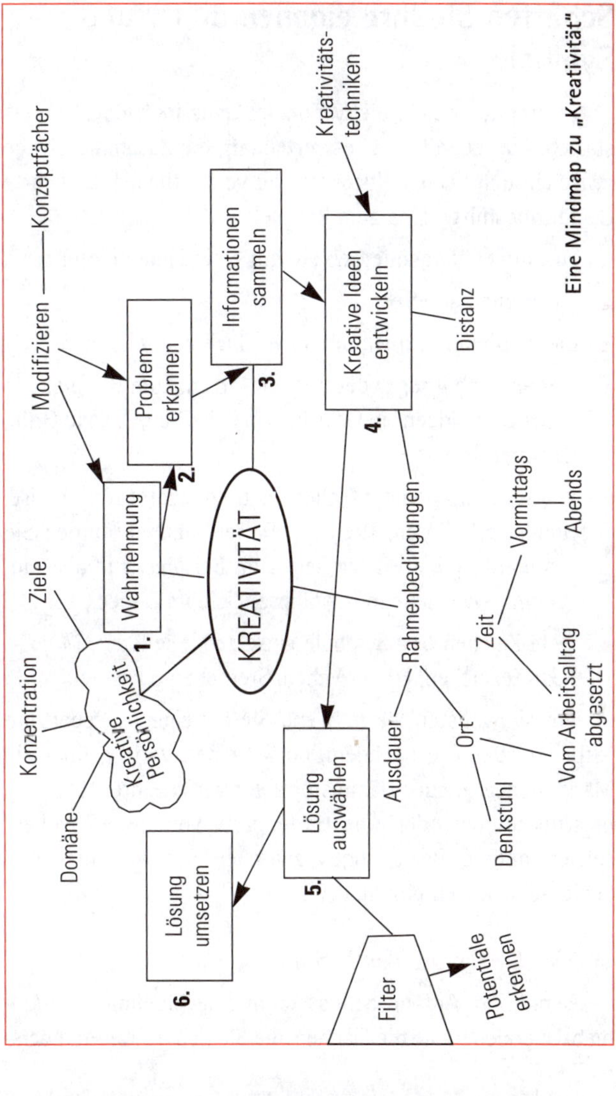

Eine Mindmap zu „Kreativität"

Schaffen Sie Ihre eigenen Bilder und Symbole

Es empfiehlt sich, die Mindmaps ganz individuell zu gestalten. Auf jeden Fall ist es vorteilhaft, die Zusammenhänge zwischen den Schlüsselbegriffen zu verdeutlichen. Bewährte Gestaltungsmittel sind zum Beispiel:

- zusammenhängende Gebiete mit einer Linie umgrenzen
- mit Pfeilen arbeiten
- die Verbindungslinien unterschiedlich dick zeichnen
- Farben nach ihrer Bedeutung einsetzen. Zum Beispiel alle „verrückten Ideen" in Gelb, Personen in Blau, Ziele in Grün, Gefahren in Rot
- Begriffe mit geometrischen Figuren begrenzen: Kreise, Quadrate, Ellipsen, Dreiecke. Diesen Figuren können Sie bestimmte Inhalte zuweisen. Zum Beispiel: Aufgaben im Quadrat, Wünsche in der Ellipse, Ziele im Dreieck
- feste Zeichen und Symbole einsetzen, wie Plus-, Minus-, Ausrufezeichen, Fragezeichen, Sternchen oder Kreuze

Am sinnvollsten ist es, wenn Sie Ihr eigenes Repertoire festlegen. Denn je nachdem, ob Sie einen Vortrag über die Marktchancen neuer Dämmstoffe entwerfen, Ihre Abteilung umstrukturieren oder eine Gartenparty vorbereiten wollen, spielen andere Beziehungen zwischen den verschiedenen Schlüsselbegriffen eine Rolle.

Wie Sie Korrekturen einfügen

Gerade am Anfang gelingt kaum eine Mindmap auf Anhieb. Überkleben Sie die Flächen, die Sie neu gestalten möchten, verwenden Sie Korrekturflüssigkeit oder gestalten Sie Ihre Mindmap neu.

Korrekturen sind nicht nur möglich, sondern geradezu erwünscht. Sie sind ein Hinweis darauf, daß Sie Ihr Thema umstrukturiert haben und auf dem Weg sind, einen besseren „Durchblick" zu bekommen.

Wie können Sie Ihre Mindmaps nutzen?

Es ist durchaus sinnvoll, bereits eine Mindmap zu erstellen, wenn Sie gerade anfangen, sich mit Ihrem Thema zu beschäftigen.

- Schreiben Sie sich den Kopf leer; oft werden Sie überrascht sein, wie viel Sie bereits wissen, wenn Sie glauben, noch gar nichts zu wissen.
- Im Laufe Ihrer Beschäftigung mit dem Thema sollten Sie Ihre Mindmap kontinuierlich ergänzen.
- Wenn Sie das Gefühl haben, es wird zu unübersichtlich, sollten Sie eine neue anfertigen. Denn eine aktuelle Mindmap läßt sich am besten nutzen.
- Die fertige Mindmap sollten Sie sich genau anschauen, vielleicht mit anderen darüber sprechen: Ergeben sich neue Zusammenhänge, möchten Sie bestimmte Prioritäten setzen, Aufgaben ableiten?

Manchmal werden Sie schon beim Erstellen der Mindmap zu neuen Ideen angeregt. Da Sie gezwungen sind, Ihre Vorstellungen in Schlüsselbegriffen zusammenzufassen, müssen Sie verknappen. Ihr Blick für das Wesentliche wird dadurch geschärft.

Vorsicht vor „Mindmapperitis"!

Mindmapping ist oft eine sehr wirksame Hilfe. Auch wenn Sie – wie die meisten – gewisse Anlaufschwierigkeiten haben, sollten Sie diese zunächst etwas ungewohnte Technik weiter üben. Haben Sie erst eine gewisse Routine entwickelt, werden Sie Mindmapping schnell und effektiv einsetzen können.

Allerdings sollten Sie sich nicht ausschließlich auf Mindmapping verlassen. Gerade weil diese Technik so attraktiv ist, verfallen manche einer wahren „Mindmapperitis" und glauben ihr Problem schon halb gelöst, wenn sie eine Mindmap malen. Machen Sie sich die Grenzen dieser Technik bewußt. Nur dann können Sie Mindmapping wirklich effektiv einsetzen.

Mindmaps ...

- ... sind höchst individuell. Ihre eigentliche Bedeutung entfalten sie nur für den, der sie angefertigt hat.
  → *Vorsicht vor fremden Mindmaps! Lassen Sie sich ihre Bedeutung immer ganz genau erklären.*
- ... sind ein Abbild Ihres Denkens. Sie können Sie zu neuen Ideen anregen, aber Ihre Gedanken nicht ersetzen.
  → *Ihre kreativen Ideen müssen Sie selber zünden!*
- ... arbeiten mit extremer Verkürzung. Komplexe Sachverhalte werden auf einen Schlüsselbegriff reduziert.
  → *Klären Sie bei jedem Schlüsselbegriff, ob sich hier nicht ein Problem versteckt.*
- ... können Ordnung auch dort vortäuschen, wo gar keine vorhanden ist.

→ *Prüfen Sie, wie gut Sie die Bedeutung der Pfeile und Linien „übersetzen" können.*

Variante: Ideenkärtchen

Gerade wenn Sie sich noch nicht sicher sind, wie Ihr Problemfeld strukturiert ist, kann es ratsam sein, die Schlüsselbegriffe auf Karteikärtchen oder Haftnotizen zu schreiben. Diese Ideenkärtchen können Sie verschieben, wegnehmen, hinzufügen und in immer neuen Kombinationen zusammenstellen. Sie haben zwar weniger Gestaltungsmöglichkeiten, sind aber wesentlich flexibler als mit der aufgezeichneten Mindmap. Allerdings ist das Ergebnis äußerst flüchtig, wenn Sie es nicht in eine Mindmap übertragen.

Bisoziation

Wodurch kommen kreative Leistung zustande? Durch das Prinzip der Bisoziation, glaubte der Schriftsteller und Philosoph Arthur Koestler. Dabei werden zwei, vorher unverbundene „Denk-Dimensionen" zusammengebracht. Klassisches Beispiel: Johannes Gutenberg erfindet die Druckpresse mit den beweglichen Lettern, als er Merkmale der Weinpresse mit denen des Münzprägestempels verbindet.

Was leistet Bisoziation?

Bisoziation ist sehr vielseitig. Wie effektiv sie ist, hängt allerdings sehr stark von der Wahl der beiden „Denk-Dimensionen" ab, die Sie zusammenbringen.

Das Prinzip der Bisoziation liegt auch einigen anderen Kreativitätstechniken zugrunde, beispielsweise der → Reizwort-Technik, der → Synektik und der → mentalen Provokation. Dort allerdings wird Ihnen die Wahl der zweiten „Denk-Dimension" gewissermaßen abgenommen.

Für welche Bereiche ist sie besonders geeignet?

- Gut strukturierte Fragen
- Technische Probleme, Erfindungen
- Künstlerischer Bereich

Wo liegen ihre Schwächen?

- Kann sehr langwierig sein.
- Sie sollten vorher wissen, wo Sie suchen müssen.

- Auf jede brauchbare Analogie kommen hundert, die in die Irre führen. Daher jede einzelne sorgfältig prüfen!

Was benötigen Sie für Bisoziation?

- Je nach Fragestellung mehr oder weniger
  - Phantasie
  - Beobachtungsgabe
  - Zeit
  - fachliche Kompetenz
  - strukturelle Intelligenz
  - Neugier
  - Glück

Dauer: Kann sehr zeitaufwendig sein, daher empfiehlt sich für die Durchführung in einer Gruppensitzung eine zeitliche Begrenzung von z. B. 2 oder 4 Stunden.

> *Bisoziation ist eine äußerst elastische Denktechnik, die Sie auf jede Fragestellung anwenden können.*

Wie gehen Sie vor?

Wie können Sie nun die richtige Bisoziation finden? Bei der Suche nach der Lösung durchlaufen Sie vier Phasen:

1. Problemdefinition
2. Aufspüren der 2. „Denk-Dimension"
3. Erkennen von Analogien
4. Übertragung der Lösung (Transfer).

1 Das Problem definieren

Definieren Sie zunächst klipp und klar Ihr Problem.

Beispiel
Sie wissen nicht, wie Sie neue Kunden akquirieren sollen.
Sie möchten ein Fahrrad konstruieren, das in jeden Kofferraum paßt.
Sie müssen eine Werbeanzeige für Hundefutter texten.

Fragen Sie sich: Worum geht es eigentlich? Versuchen Sie, Ihr Problem von möglichst vielen Seiten einzukreisen. In vielen Fällen ist es hilfreich, wenn Sie eine Liste erstellen, welche Anforderungen Ihre Lösung erfüllen muß.

2 Den Einstieg finden in der zweiten „Denk-Dimension"

Jetzt fängt Ihre eigentliche kreative Leistung an: Sie müssen die zweite „Denk-Dimension" aufspüren, die geeignet ist, Ihr Problem zu lösen. Dazu brauchen Sie einen Einstieg. Überlegen Sie: Was ist so ähnlich wie das, was Sie erreichen möchten? In welchem Bereich funktioniert das, was bei Ihnen nicht klappt?

Wie weit Sie sich von Ihrem Ausgangspunkt entfernen, ist für die Lösung unerheblich. Ob Sie sich bei der Entwicklung des Fahrrads für den Kofferraum von Spinnenbeinen, chinesischen Schriftzeichen oder Klappstühlen anregen lassen, spielt keine Rolle – wenn die Sache nur funktioniert.

3 Analogien erkennen

Nun kommt das wichtigste: Seien Sie aufmerksam, suchen Sie nach Analogien, gemeinsamen Prinzipien. Fragen Sie nach Gesetzmäßigkeiten und prüfen Sie, ob sich diese in Ihren Bereich übertragen ließen.

Sie müssen in dem „fremden Bereich" keineswegs zum Experten werden, ja, meist wäre das sogar nachteilig. Ein Flugzeugkonstrukteur, der die Flügel eines Schmetterlings untersucht, sollte nicht zum Insektenforscher werden.

Auch naheliegende Bereiche berücksichtigen

Nicht immer ist die abgelegenste auch die beste Lösung: So müssen Sie, wenn Sie neue Kunden akquirieren wollen, nicht unbedingt das Balzverhalten der Beutelratte studieren. Vielleicht kommt Ihnen bereits eine gute Idee, wenn Sie sich in einer anderen Branche umschauen.

Das klingt relativ naheliegend und wenig kreativ, doch in vielen Fällen kommen auf diese Weise nicht nur gute, sondern auch kreative Ideen zustande, denn der entscheidende Schritt steht Ihnen noch bevor: Die Lösung in Ihren Bereich zu übertragen.

4 Der Transfer

Es genügt nicht, eine gute Idee aus einem anderen Bereich einfach zu übernehmen. Sie muß in dem neuen Bereich auch „funktionieren". Und dazu muß sie in der Regel noch verändert werden. Ein Flugzeug fliegt eben nicht genauso wie ein Schmetterling, und ein Autohaus spricht seine Kunden anders an als ein Pizzabringdienst, auch wenn es sich Anregungen von dort holen kann. Erst wenn Sie die Idee Ihrer Routine angepaßt haben, zeigt sich, ob sie wirklich brauchbar, also kreativ ist.

Variante: Bionik

Ein Bereich, in dem viele Erfinder und Konstrukteure fündig werden, ist die Natur: Die meist eher lästigen Kletten haben das Modell abgegeben für den Klettverschluß. Die Hautoberfläche von Pinguinen inspirierte Konstrukteure, die Fortbewegung von U-Booten zu verbessern. Diese Übertragung von Modellen aus der Natur in den Bereich der Technik heißt „Bionik" und gilt als außerordentlich leistungsfähige Methode.

Synektik

Ein Klassiker unter den Kreativitätstechniken, der Anfang der 60er Jahre von dem Amerikaner William Gordon als Gruppentechnik entwickelt wurde, ist die Synektik. Diese recht anspruchsvolle Verfremdungsmethode wird von zahlreichen namhaften Unternehmen eingesetzt. Sie läßt sich, leicht abgewandelt, auch von Einzelpersonen nutzen.

Synektik arbeitet nach dem gleichen Prinzip wie die → Bisoziation. In einem entscheidenden Punkt weicht sie jedoch ab: Bei der Synektik suchen Sie nicht in irgendeinem selbstgewählten fremden Bereichen nach Anregungen für die Lösung Ihres Problems, sondern Sie entfernen sich über drei bis vier Verfremdungsschritte immer stärker von Ihrem Problem.

Was leistet Synektik?

Synektik sorgt dafür, daß Sie Ihren Problemkreis gedanklich weit verlassen. Dadurch ermöglicht diese Technik, daß Sie unvoreingenommen, ohne Scheu oder Betriebsblindheit an Ihr Problem herangehen – und es lösen.

Für welche Bereiche ist sie besonders geeignet?

- harte Nüsse
- neue Produkte (Techniker, Ingenieure, Konstrukteure)
- wenn versierte Problemlöser am Werk sind

Wo liegen ihre Schwächen?

- für Anfänger grundsätzlich ungeeignet

Was benötigen Sie für eine Synektik-Sitzung?

- eine Gruppe mit vier bis acht Teilnehmern
- einen Moderator
- einen Protokollanten (kann notfalls auch der Moderator übernehmen)

- Tafel, Flipchart zum Aufzeichnen der Vorschläge

Dauer: ein halber bis ein Tag

- *Die Technik der Synektik ist recht aufwendig und stellt nicht nur hohe Ansprüche an die Teilnehmer, sondern auch an den Moderator.*

Wie läuft eine Synektik-Sitzung ab?

Natürlich können Sie fast beliebig von diesem Muster abweichen, einzelne Elemente auswählen, andere weglassen, doch eine klassische Sitzung besteht aus zehn Schritten:

1 Das Problem wird formuliert

(Dauer 15–30 Minuten) Der Moderator informiert die Teilnehmer über den Ablauf der Sitzung und legt das Problem dar. Er klärt Verständnisfragen. Alle nötigen Informationen müssen jetzt auf den Tisch. Wenn also ein Teilnehmer weitere Informationen hat, sollte er sie der Gruppe mitteilen.

2 Brainstorming

(Dauer 10 Minuten) In einem kurzen → Brainstorming werden die spontanen Lösungsvorschläge gesammelt. Der Grund: Die Teilnehmer sollen unbelastet in den eigentlichen Synektik-Prozeß einsteigen. Die Ideen werden erfaßt, zum Beispiel auf dem Flipchart, aber noch nicht ausgewertet.

3 Formulieren Sie das Problem neu

(Dauer 5–10 Min.) Ergeben sich durch das Brainstorming neue Gesichtspunkte, kann es sinnvoll sein, das Problem umzuformulieren. Hintergrund: Alle Teilnehmer sollen von der gleichen Fragestellung ausgehen. Ob das nötig ist, entscheidet der Moderator.

4 Bilden Sie eine „direkte Analogie"

(Dauer 20 Min.) Die Teilnehmer suchen eine Entsprechung für die Lösung des Problems in einem anderen Bereich. Im Grunde tun Sie nichts anderes, als eine → Bisoziation herzustellen. In der Regel gibt der Moderator den Bereich vor – und in neun von zehn Fällen ist dieser Bereich die Natur (andere Bereiche wären Technik, Geschichte, Wirtschaft, Gesellschaft, Kunst, Sport oder Musik). Die Natur ist so beliebt, weil fast jedes Problem auf dieses Gebiet projiziert werden kann.

Die Teilnehmer suchen also Antworten auf die Frage: Wie löst die Natur unser Problem? Die Antworten werden gesammelt; am Ende wählt die Gruppe eine Antwort aus.

5 Bilden Sie eine „persönliche Analogie"

(Dauer 20 Min.) Die Antwort, für die sich die Gruppe entschieden hat, ist der Ausgangspunkt für die „persönliche Analogie". Die Teilnehmer versuchen sich in den Gegenstand hineinzuversetzen. Sie stellen sich die Frage: „Wie fühle ich mich/verhalte ich mich als ...?"

Wieder wählt die Gruppe einen Vorschlag aus.

6 Bilden Sie eine „symbolische Analogie"

(Dauer 10 Min.) Ausgehend vom Vorschlag aus Schritt 5 suchen die Teilnehmer nach ungewöhnlichen Vergleichen mit Formen, Bildern oder Klängen (auch Musikstücke). Es geht um die „Verdichtung des Gefühls". Deshalb regt Gordon gleichfalls an, widersprüchliche Vergleiche und Paradoxa wie „rasende Langsamkeit" zu bilden. Auch hier entscheidet sich die Gruppe am Ende für eine Lösung.

7 Bilden Sie eine zweite direkte Analogie

(Dauer 20 Min.) Die Lösung ist denkbar weit von der Ursprungsfrage entfernt. Jetzt wird sie noch einmal auf einen bestimmten Bereich projiziert. Wurde im 4. Schritt der Bereich Natur ausgewählt, so kommt nun meist die Technik zum Einsatz. Die Teilnehmer stellen sich also die Frage: Auf welche technischen Geräte oder Verfahren könnte unsere Antwort von Schritt 6 zutreffen? Je nach Bedarf werden eine bis drei Lösungen ausgewählt.

8 Analysieren Sie die Analogie(n)

(Dauer 20 Min.) Die Teilnehmer listen die Merkmale und Funktionsprinzipien der ausgewählten Analogie(n) auf. Was zeichnet die gefundenen Geräte oder Verfahren aus?

9 Force-Fit

(Dauer 30 Min.) Die entscheidende Phase: Die Merkmalsliste wird auf die Ausgangsfrage zurückbezogen. Was bedeuten diese Merkmale in Hinblick auf unser Problem?

Nachdem sie sich in vier Schritten so weit wie möglich von ihrer Ausgangsfrage wegbewegt haben, müssen die Teilnehmer nun mit einem Riesensatz zurückspringen und brauchbare Ideen finden. Sie müssen sich auf eine Lösung verständigen, wie immer sie aussieht, denn dieser Schritt heißt nicht ohne Grund „Force Fit" oder „erzwungene Einigung".

Beispiel

Synektiksitzung „Schutzhelme"

1. Schritt: Problemdefinition
Wie können wir dafür sorgen, daß unsere Mitarbeiter eine technische Anlage nur mit Schutzhelm betreten?
2. Schritt: Brainstorming
Warnschilder, Androhen von Geldstrafe, Kameraüberwachung
3. Schritt: Umformulieren der Fragestellung
Keine Änderung
4. Schritt: Direkte Analogien
Drohgebärde des Gorillas soll Angreifer abschrecken; Murmeltier pfeift; Pinguin stupst Junges ins Wasser, um es vertraut zu machen (ausgewählt).
5. Schritt: Persönliche Analogie
Wie fühle ich mich als Pinguinküken, das ins Wasser gestoßen wird? Habe Angst vor dem Ungewissen; Warum macht die Mutter das mit mir?; Wird schon schiefgehen!; Jetzt gibt es kein Entkommen mehr! (ausgewählt)
6. Schritt: Symbolische Analogien/Paradoxa
ausweglose Flucht; gewaltsame Bestimmung; fürsorgliche Gefangenschaft (ausgewählt).
7. Schritt: Zweite direkte Analogie (Technik).
Babylaufstall; Hundeleine (ausgewählt); Sicherheitsgurt (ausgewählt); Verkehrsampel (ausgewählt).
8. Schritt: Analyse
Hundeleine = feste Verbindung zwischen Herr und Hund; Sicherheitsgurt = Wagen startet erst, wenn Schloß einrastet; Verkehrsampel = Signale durch Farben.
9. Schritt: Force-Fit
Hundeleine = Helm mit Kette am Arbeitsanzug befestigen;
Sicherheitsgurt = Sender im Helm, der Sperre zur Anlage öffnet;
Ampel = Signaltafel: grüner Kopf mit Helm, roter Kopf ohne Helm
10. Schritt: Lösungsansätze
Alle drei Vorschläge sollen ausgearbeitet werden.

Aus: Hentze/Müller/Schlicksupp: Praxis der Managementtechniken

Dieser Zwang zu kreativen Ideen ist sicher nicht ganz unproblematisch. Aber ohne „Force Fit" würde die synektische Sitzung einfach nicht funktionieren. Ohne Force Fit würde sich die kreative Denkfalle (S. 42) öffnen: Die Teilnehmer produzieren die waghalsigsten Ideen, die Sie nie in die Praxis umzusetzen vermögen.

■ *Dieser 9. Schritt verlangt von den Teilnehmern und vom Moderator ein Höchstmaß an Phantasie und Konzentration. Es ist daher zu empfehlen, vor dem 9. Schritt eine Pause einzulegen.* ■

10 Formulieren Sie Lösungsansätze

(Dauer 20 Min.) Ausgehend von den Ideen, die im 9. Schritt entwickelt worden sind, formuliert die Gruppe ihre Lösungsansätze. Auf die Anzahl kommt es nicht an, entscheidend ist, ob die Teilnehmer Ideen entwickelt haben, die weiter ausgearbeitet werden können. Denn dies ist das Ziel der synektischen Sitzung.

Tips für Ihre synektische Sitzung

- Wählen Sie Ihren Moderator sorgfältig aus. Ein guter Moderator ist zwar keine Garantie für kreative Ideen, aber ein schlechter wird sie fast immer verhindern.
- Werfen Sie die Teilnehmer nicht ins „kalte Wasser". Häufig läßt sich abschätzen, wie gut Sie mit dieser Technik zurechtkommen, wenn Sie ein „Pilotprojekt" zu einem kleinen Thema durchführen.
- Sorgen Sie für eine entspannte Atmosphäre. Die besten Ergebnisse lassen sich erzielen, wenn die Teilnehmer mög-

lichst spielerisch an das Thema herangehen – trotz Force Fit.

- Wenn Sie das Gefühl haben, daß die Gruppe mit der Technik gut zurechtkommt, aber (noch) keine befriedigenden Ergebnisse produziert, sollten Sie ihr Zeit geben.
- Sprechen Sie nach einer Sitzung mit den Teilnehmern. Wie gut sind sie mit den einzelnen Schritten zurechtgekommen?

Denkhüte und Denkstühle

Bestimmte Kreativitätstechniken arbeiten mit Imagination. Sie versuchen, den Anwender dazu zu bringen, sich in eine Situation oder gar in eine Person oder Rolle hineinzuversetzen: Stellen Sie sich vor, Sie sind Einstein. Wie würden Sie Ihr Problem angehen? Oder: Was würde ein zwölfjähriger Junge dazu sagen?

Solche Imaginationstechniken gelten vielfach als etwas unseriös. Zu Unrecht, denn sie sind oft erstaunlich effektiv, flexibel und werden von vielen erfolgreich eingesetzt, ohne daß jemand ein Wort darüber verliert.

Prinzipiell können Sie Ihre eigene Imaginationstechnik kreieren. Doch gibt es zwei Techniken, die es nicht bei unverbindlichen Vorgaben belassen, sondern diese Methode in eine überzeugende Form gebracht haben: Die „sechs Denkhüte" von de Bono und die „drei Denkstühle" von Walt Disney.

Was leisten diese Imaginationstechniken?

Mit diesen Imaginationstechniken werden Sie in die Lage versetzt, Ihr Problem aus unterschiedlichen Perspektiven zu durchdenken. Alle wesentlichen Aspekte sollen dabei erfaßt werden – und zwar wirksamer, als wenn Sie „direkt" darüber nachdächten. Durch Projektion auf bestimmte Rollen und Standpunkte können Sie spielerischer und „rücksichtsloser" vorgehen, was Ihren Ideenradius erheblich erweitert.

Wo liegen die Stärken dieser Techniken?

- ermöglicht Distanz zu Ihrem Problem
- erfaßt mehrere Perspektiven
- kann bei Gruppensitzungen Spannungen lösen (Denkhüte)

Wo liegen ihre Schwächen?

- bleibt relativ nah an Ihrem gewohnten Denken; wenn Sie große „kreative Sprünge" machen möchten, sollten Sie die → Reizwortanalyse oder → mentale Provokation vorziehen
- wirkt zunächst etwas künstlich; entfaltet ihre volle Wirksamkeit erst nach einiger Übung

Was benötigen Sie?

Für Disneys Denkstühle:

- Drei unterschiedliche Plätze, Papier, Schreibzeug

Für de Bonos Denkhüte:

- Sechs Hüte, Armbinden oder Karten in den Farben Weiß, Rot, Schwarz, Gelb, Grün und Blau

Dauer: je nach Aufgabenstellung und Größe der Gruppe zwischen 20 Minuten und 2 Stunden.

Imaginationstechniken sind nicht nur in der praktischen Durchführung sehr frei auszugestalten, sondern finden auch in vielen Bereichen und bei unterschiedlichsten Problemstellungen Anwendung. Sie können Imaginationstechniken alleine, aber auch in einer Gruppe durchführen.

Wie wenden Sie die Imaginationstechniken an?

Disneys Denkstühle

Von Walt Disney wird berichtet, er sei bei seiner Arbeit nacheinander in drei verschiedene Rollen geschlüpft: in die des Träumers, des Realisten und des Kritikers. Disney habe diese Rollen bewußt so weit wie möglich getrennt. Wechselte er die Rolle, so wechselte er auch den Platz. So soll es zunächst drei unterschiedliche Denkstühle gegeben haben, später soll Disney sogar drei verschiedene Räume für seine Denkhaltungen benutzt haben.

Diese Strategie können Sie für sich nutzen, indem Sie

- nacheinander verschiedene Denkhaltungen einnehmen,
- diese Denkhaltungen mit bestimmten Orten verknüpfen, um sie zu verankern.

Zunächst werden Sie wahrscheinlich etwas Mühe haben, in die entsprechende Denkhaltung hineinzufinden, bzw. umzuschalten. Die Verbindung mit einem festen Platz erleichtert dieses Umschalten später jedoch ganz wesentlich.

■ *Die Verbindung von Ort und Denkhaltung ist entscheidend, auch wenn Ihnen das am Anfang vielleicht eher schwierig und künstlich erscheinen mag.* ■

Der Stuhl des Träumers

Auf dem Stuhl des Träumers produzieren Sie die phantastischsten Einfälle. Sie spielen mit verschiedenen Möglichkeiten und vor allem Unmöglichkeiten. Sie stellen die Dinge auf den Kopf, beschäftigen sich mit abseitigen Themen, machen Späße und stellen waghalsige Verbindungen her. Sie dürfen fast alles, nur eines nicht: ernsthaft über das Problem nachdenken. Ihre Ideen und Vorstellungen können Sie, wenn Sie wollen, dann auf ein Blatt Papier notieren.

Der Stuhl des Realisten

Auf diesem Platz schalten Sie Ihren „Normalverstand" ein. Versuchen Sie, die verrückten Ideen des Träumers weiterzuentwickeln. Greifen Sie Anregungen auf, aber suchen Sie auch jetzt neue Lösungen. Gehen Sie planmäßig und vernünftig vor. Wählen Sie den kürzesten und zweckmäßigsten Weg. Seien Sie pragmatisch.

Der Stuhl des Kritikers

Unterziehen Sie Ihre Ideen einer schonungslosen Kritik. Prüfen Sie: Was ist dran? Läßt es sich umsetzen? Lohnt sich die Sache? Will ich sie überhaupt? Was ist überflüssig und kann gestrichen werden?

Der Wechsel der Stühle

Achten Sie darauf, daß Sie nicht zu lange auf einem bestimmten Stuhl festkleben. Wechseln Sie auch bei einer Fragestellung mehrmals die Stühle. Wenn Sie das Projekt abschließen, sollten Sie nach Möglichkeit auf dem Stuhl des Realisten sitzen.

De Bonos Denkhüte

Das Prinzip funktioniert genauso wie bei den Denkstühlen, nur gibt es anstelle von drei Positionen sechs. Die Denkhüte sind variabler, werden in der Regel schneller gewechselt als die Denkstühle, und sie eignen sich auch gut für Gruppensitzungen.

Mit den Denkhüten verhindern Sie Positionskämpfe und Konfrontationen. Denn alle Aussagen werden unter einem bestimmten Hut gemacht und nicht den Teilnehmern zugeschrieben, die ihre Position verteidigen müssen. Außerdem sind die Teilnehmer gezwungen, ihre Denkweise zu ändern.

Denkhüte in Gruppensitzungen

Die Einsatzmöglichkeiten der Hüte sind gerade im Team sehr variabel. Wichtig ist nur, daß Sie zu Beginn die Spielregeln festlegen:

- Sie können die Hüte (oder Karten bzw. Armbinden) unter den Teilnehmern verteilen. Nach Gebrauch müssen sie die

Hüte reihum weiterreichen. Dann sollte jeder nach Möglichkeit einmal im Besitz jeder Farbe gewesen sein.

- Sie können die Reihenfolge festlegen, in der die Hüte aufgesetzt werden sollen.
- Sie können auch der gesamten Gruppe einen bestimmten Hut verordnen.
- Sie können auch jedem, der sich zu Wort meldet, freistellen, welchen Denkhut er aufsetzen möchte.

■ *Entscheidend ist: Jeder Hut hat eine Bedeutung, und wer immer ihn trägt, muß versuchen, in seinem Beitrag bzw. mit seiner Idee von dieser Bedeutung auszugehen.* ■

Der weiße Hut

Er steht für das weiße Blatt Papier. Es geht um Informationen und Tatsachen. Welche Informationen haben Sie? Welche brauchen Sie? Wie sind sie zu beschaffen? Parteinahme oder Wertung ist nicht erlaubt, der weiße Hut ist neutral.

Der rote Hut

Er steht für Feuer und Wärme. Es geht um Gefühle und Intuition. Äußern Sie sich, wie Ihnen bei einer bestimmten Idee zumute ist. Was spüren Sie dabei? Gründe geben Sie keine an.

Der schwarze Hut

Er steht für Kritik und Bedenken. Es geht darum, Fehler zu vermeiden, aufzupassen und eine kritische Stellungnahme abzugeben. Der Träger des schwarzen Hutes mahnt zur Vorsicht, er bremst allzu hochfliegende Pläne.

Der gelbe Hut

Er steht für Sonnenschein. Es geht um eine optimistische Haltung. Unter dem gelben Hut sehen Sie die Vorteile des Projekts. Sie überlegen, wie es sich durchführen läßt und welche Verbesserungsmöglichkeiten es gibt.

Der grüne Hut

Er steht für Vegetation und Wachstum. Es geht um neue Ideen, Originalität und weitere Alternativen. Unter dem grünen Hut sollen Sie schöpferisch sein. Sie bemühen sich, neue Gesichtspunkte in die Debatte zu bringen. Der grüne Hut ist der eigentlich kreative Hut.

Der blaue Hut

Er steht für den Himmel und die Vogelperspektive. Es geht um eine übergeordnete Sichtweise und Objektivität. Der Träger des blauen Hutes sorgt für Orientierung, setzt Prioritäten, legt die Themen fest, über die diskutiert wird, kann andere Hüte aufrufen, faßt zusammen, kontrolliert die Methoden und Verfahren. Im Grunde leitet er die Sitzung.

Der Wechsel der Hüte

Wie Sie den Hutwechsel organisieren, müssen Sie vorher festlegen. Achten Sie darauf, daß der schwarze Hut nicht zu früh dominiert. Es ist durchaus sinnvoll, die Hutwechsel-Methode in eine konventionell geführte Diskussion zu integrieren.

Osborn-Checkliste

Der Erfinder des → Brainstormings, Alex Osborn, hat eine Reihe weiterer Kreativitätstechniken entwickelt. Eine der bekanntesten ist seine Checkliste, mit der Sie aus bereits vorhandenen Ideen neue Lösungen kreieren können.

Was leistet die Osborn-Checkliste?

Wenn Sie für Ihr Problem nur konventionelle oder unbefriedigende Lösungen gefunden haben, gibt Ihnen die Checkliste Anhaltspunkte, wo Sie etwas verändern müssen, um zu einer kreativen Idee zu kommen.

Für welche Fälle ist sie besonders geeignet?

- wenn Ideen/Produkte bereits vorliegen
- als Nachbearbeitung einer Brainstorming-Sitzung
- für originelle Produktideen

Wofür ist sie weniger geeignet?

- wenn Sie am Anfang eines Projektes stehen
- Texte, Verfahren
- wenn Originalität nicht gefragt ist

Was benötigen Sie für diese Technik?

- eine Idee oder ein Produkt, das Sie verbessern möchten
- die vorliegende Checkliste

Dauer: etwa 60 Minuten; kann unterbrochen werden.

Mit der Osborn-Checkliste lassen sich aus schwachen Ideen oder altbekannten Produkten noch kreative Funken schlagen.

Wie arbeiten Sie mit der Checkliste?

Für jede Idee, jedes Produkt sollten Sie die Checkliste komplett durchgehen. Nehmen Sie sich genügend Zeit für jeden einzelnen Punkt. Entwickeln Sie für jeden Punkt mindestens eine Idee.

1 Anders verwenden! – Gibt es eine andere Gebrauchsmöglichkeit dafür? Können Sie die Idee woanders einsetzen?

2 Anpassen! – Was ähnelt dieser Idee? Gibt es Parallelen? Was könnten Sie nachahmen?

3 Ändern! – Können Sie Bedeutung, Farbe, Bewegung, Größe, Form, Klang, Geruch etc. verändern?

4 Vergrößern! – Können Sie es größer machen? Etwas hinzufügen? Die Häufigkeit erhöhen? Die Stärke? Die Höhe? Die Länge? Den Wert? Den Abstand? Können Sie es vervielfältigen? Übertreiben? Vergröbern?

5 Verkleinern! – Können Sie es kleiner machen? Etwas wegnehmen? Tiefer machen? Kürzer? Dünner? Leichter? Heller? Feiner? Können Sie es aufspalten? Als Miniatur verwenden?

6 Ersetzen! – Was können Sie an der Idee austauschen? Läßt sich der Prozeß anders gestalten? Gibt es andere Positionen? Tonlagen? Elemente aus anderen Ländern oder Zeiten?

7 Umstellen! – Können Sie Teile, Abschnitte austauschen? Läßt sich die Reihenfolge ändern? Ursache und Wirkung umdrehen?

8 Umkehren! – Können Sie das Gegenteil der Idee machen? Wie sieht die Idee spiegelverkehrt aus? Lassen sich Rollen tauschen? Läßt sich die Idee um 180° drehen?

9 Kombinieren! – Können Sie die Idee mit anderen verbinden? Läßt sie sich in ein größeres Ganzes einfügen? In Bausteine zerlegen?

10 Transformieren! – Können Sie es durchlöchern, zusammenballen, ausdehnen? Härten? Verflüssigen? Durchsichtig machen?

Beispiel: Osborn-Checkliste

Weihnachtskarte	
1. Anders verwenden	gleichzeitig Gutschein, Rätsel
2. Anpassen	Eintrittskarte, Telefonkarte
3. Ändern	Karte mit Tannengeruch
4. Vergrößern	als Zeitung, Plakat, Buch
5. Verkleinern	winzige Schrift, Lupe beilegen
6. Ersetzen	historische Karte
7. Umstellen	Ostermotive zu Weihnachten
8. Umkehren	persönliche Grüße auf den Umschlag schreiben
9. Kombinieren	als Einladung zur Weihnachtsfeier; Karte als Beginn eine Serie
10. Transformieren	als Musikstück

Reizwort-Analyse, Random-Input

Die Reizwort-Analyse ist eine unkomplizierte, recht verbreitete Technik, die in vielen Abwandlungen existiert. Sie können Sie sowohl im Team als auch allein einsetzen. Dabei werden Sie mit einem zufällig ausgewählten Begriff konfrontiert und sollen dadurch zu ungewohnten Assoziationen Zugang finden, die Ihnen kreative Ideen ermöglichen.

Was leistet die Reizwort-Analyse?

Ihr Denken wird aus seinen gewohnten Bahnen herausgeschleudert. Sie werden angeregt, die Dinge aus einem neuen Blickwinkel zu sehen, Unzusammengehöriges zusammenzudenken und kühne Gedankensprünge zu wagen.

Für welche Bereiche ist sie besonders geeignet?

- Werbung
- originelle Ideen, neue Produkte
- künstlerischer Bereich, Komik

Wo liegen ihre Schwächen?

- forciert exzentrische Lösungen
- in Gruppensitzungen fühlen sich manche Teilnehmer überfordert; andere haben sehr viel Spaß damit und produzieren viele, aber wenig brauchbare Ideen
- kann in Gruppensitzungen Spannungen auslösen

Was benötigen Sie für die Reizwort-Analyse?

- ein Wörterbuch, eine Liste oder Karten mit Zufallswörtern

Dauer: je nach Größe der Gruppe in einer Teamsitzung etwa 60 Minuten

Selbst wenn Sie bei der Reizwort-Analyse kein brauchbares Ergebnis finden: Sie trainieren mit dieser Kreativitätstechnik zumindest Ihre geistige Flexibilität.

Wie läuft eine Reizwort-Analyse ab?

Zu Anfang vergegenwärtigen Sie sich noch einmal Ihre Ausgangsfrage. Dann legen Sie einen bis maximal fünf Begriffe fest – und zwar in einem Zufallsverfahren.

- Schlagen Sie eine beliebige Seite in einem Wörterbuch auf, und tippen Sie ohne hinzusehen auf einen Begriff.

- Erstellen Sie vorher eine umfangreiche Liste mit willkürlich ausgewählten Begriffen (mindestens hundert). Tippen Sie den Begriff/die Begriffe heraus.
- Besser noch: Übertragen Sie die Liste auf kleine Pappkärtchen. Ziehen Sie den Begriff.

Gerade wenn Sie häufiger von diesem Verfahren Gebrauch machen, lohnen sich die Kärtchen, weil sie am ehesten dafür sorgen, daß die Begriffe wirklich zufällig zustandekommen.

Analysieren Sie das Reizwort!

Sie sollten sich zunächst ganz auf das Reizwort konzentrieren. Was zeichnet es aus? Was sind seine äußeren Merkmale? Was tut es? Wozu benutzt man es? Gibt es eine symbolische Bedeutung? Womit steht es in Verbindung?

Ihre Antworten schreiben Sie auf. Es sollten mindestens fünf, aber nicht mehr als zehn sein.

Schaffen Sie eine Verbindung zu Ihrem Problem!

Nun kommt die entscheidende Phase. Oft ist es schwierig, sich von den Aussagen gleich zu einer Lösung inspirieren zu lassen. Daher sollten Sie sich zunächst fragen, welche Verbindung die Aussagen zu Ihrem Gebiet haben. Was ist vergleichbar? Gibt es irgendeinen Punkt, der Sie an etwas denken läßt, um das es bei Ihrem Problem geht?

Suchen Sie die Lösung Ihres Problems!

Selten wird Ihnen das Reizwort die Lösung frei Haus liefern. Auch ist es kaum mit zwei, drei Gedankenschritten getan. Geben Sie nicht vorzeitig auf. Die Lösung liegt nicht in der kürzesten Verbindung zwischen Reizwort und Problem.

Gehen Sie Umwege. Nutzen Sie den Zufallsbegriff, um auf völlig neue Gedanken zu stoßen. Lösen Sie eine Lawine neuer Ideen aus. Man muß Ihrer Lösung später nicht anmerken, von welchem Reizwort Sie ausgegangen sind.

Wie finden Sie das beste Reizwort?

Durch Zufall. Sorgen Sie dafür, daß bei der Auswahl wirklich nur der Zufall entscheidet. Begriffe sollten nicht abgelehnt werden dürfen, weil sie unpassend erscheinen.

Weiterhin wichtig: Wenn Sie mit der Liste oder den Kärtchen arbeiten, nehmen Sie keine Begriffe auf, die direkt etwas mit Ihrem Arbeitsgebiet zu tun haben.

Varianten

Die Reizwort-Analyse ist nur eine von vielen sogenannten „Random-Input"-Methoden. Dabei geht es immer darum, ein fremdes, zufälliges Element einzubeziehen, das neue Ideen auslösen soll.

Und das können ganz nach Geschmack recht verschiedene Dinge sein: Bilder, Fotos, abstrakte Gemälde, Klänge, Musikstücke oder Gegenstände aus Knetmasse, die Sie vorher absichtslos geformt haben.

Die Verwendung von Bildern als Assoziationsmittel gilt mitunter als eigenständige Kreativitätstechnik. Sie wird auch als visuelle Synektik bezeichnet.

Mentale Provokation

Die bekannteste und spektakulärste Kreativitätstechnik von Edward de Bono. Es gibt eine gewisse Ähnlichkeit mit der → Reizwortmethode. Nur setzt die mentale Provokation nicht den Zufall ein, sondern produziert vorsätzlich scheinbar widersprüchliche Aussagen. Sie eignet sich für Gruppen und Einzelpersonen.

Was leistet die mentale Provokation?

Die mentale Provokation ist eine äußerst wirksame Methode, „kreative Sprünge" (→ S. 11) zu provozieren. Sie bringen sich selbst aus dem Gleichgewicht, um in einen neuen Gleichgewichtszustand zu gelangen.

„ICH SEHE, SIE HABEN ENDLICH IHREN ARBEITSPLATZ AUFGERÄUMT, PICHLER. JETZT SAGEN SIE SELBST, IST ES NICHT VIEL BESSER, WENN ALLES SEINE ORDNUNG HAT ?!"

Wo liegen die Stärken der mentalen Provokation?

- blitzartig können Sie die Dinge aus einer neuen Perspektive betrachten
- sie verschafft Distanz zu Ihrem Problem
- sie stimuliert ungewöhnliche Lösungen
- sie ist universell einsetzbar

Wo liegen ihre Schwächen?

- forciert die Suche nach exzentrischen Lösungen
- Teilnehmer entwickeln brillante Ideen, die oft nicht praktikabel sind (→ „die kreative Denkfalle", S. 43)

Was benötigen Sie für die mentale Provokation?

- allenfalls Schreibzeug und Papier

Dauer: etwa 40 Minuten, kann, da als „Anstoßtechnik" gedacht, anderen Techniken vorgeschoben werden.

De Bono charakterisiert seine Methode folgendermaßen: „Der Zweck der Übung besteht darin, uns abrupt aus dem herkömmlichen, starren Wahrnehmungsmuster herauszureißen und in eine Position der Instabilität zu bringen, die uns den Weg zu einer neuen Idee ebnet."

Was ist eine mentale Provokation?

Eine mentale Provokation kommt dadurch zustande, daß Sie – wie de Bono schreibt – „kontrolliert verrückt" sind. Ausgehend von Ihrem Problem machen Sie eine Aussage, die Sie für nicht realisierbar halten, die im Widerspruch zu Ihren Erfahrungen steht oder die das genaue Gegenteil von dem aussagt, wovon Sie eigentlich überzeugt sind.

Damit Ihre Mitmenschen wissen, daß Sie Ihre Aussage nicht wörtlich meinen, sondern als „mentale Provokation", schlägt de Bono vor, sie mit der Silbe „po" einzuleiten.

Beispiel
So kennzeichnen Sie Ihre Aussagen als „mentale Provokation":

Po, wir verkaufen das Produkt unseren Konkurrenten.
Po, Autos sollten viereckige Räder haben.
Po, eine Kinokarte kostet 100 Mark.

Über den Ursprung des Wörtchens „po" bemerkt de Bono, es stehe für „P(rovokative Denk)O(peration)"; in der Maori-Sprache beziehe sich das Wort auf das Chaos der Urmaterie.

Wie erarbeiten Sie eine mentale Provokation?

Wenn Sie nicht selbst auf eine geeignete mentale Provokation kommen, können Sie planmäßig eine erzeugen. Sie gehen immer von einer Aussage aus, die Sie für selbstverständlich halten.

- Stellen Sie die Aussage in Frage! Zum Beispiel: „Po, in Restaurants gibt es keine Speisekarten."
- Kehren Sie die Sache um! Zum Beispiel: „Po, das Telefon klingelt die ganze Zeit und ist nur dann still, wenn jemand anruft."

- Übertreiben Sie oder untertreiben Sie. Maßlos. Zum Beispiel: „Po, in jedem Haushalt gibt es hundert Telefone."
- Stellen Sie sich vor, Ihren Wünschen wären keinerlei Grenzen gesetzt. Zum Beispiel: „Po, Ladendiebe geben sich selbst zu erkennen."
- Verbinden Sie zwei Vorstellungen, die eigentlich nicht zusammengehören. Zum Beispiel: „Po, Geldscheine werden sauer wie die Milch."

Wie setzen Sie die mentale Provokation ein?

Ähnlich wie bei der → Reizwort-Analyse müssen Sie versuchen, eine Verbindung zu Ihrer Fragestellung zu finden. Wie so oft bei den Kreativitätstechniken müssen Sie auch hier die Denkrichtung ändern: nicht mehr „kontrolliert verrückt" sein, sondern konzentriert die mentale Provokation untersuchen.

- Lassen Sie sich auf die mentale Provokation ein. Entdecken Sie Ansatzpunkte, Gemeinsamkeiten. Versuchen Sie, sich ein Bild vorzustellen. Was sehen Sie? Wie sieht ein Ladendieb aus, der sich selbst zu erkennen gibt? Trägt er besondere Kleidung?
- Fragen Sie nach Gründen: Warum gibt es in den Restaurants keine Speisekarten? Was ist der Vorteil? Wie geben Sie in einem solchen Restaurant Ihre Bestellung auf?
- Sie können auch versuchen, Entsprechungen zu finden, das provokative Bild gewissermaßen zu übersetzen: Was bedeutet es, daß Geldscheine „sauer" werden? Vielleicht werden sie ungültig. Was könnte der Vorteil sein? Viel-

leicht ließe sich so die Umlaufgeschwindigkeit des Geldes erhöhen.

- Entscheidend ist: Bleiben Sie nicht bei der mentalen Provokation stehen. Sie ist nur die Initialzündung für Ihre kreativen Ideen. Andererseits sollten Sie sich auch nicht zu rasch von der provokativen Aussage entfernen. Sonst landen Sie schnell wieder bei Ihren gewohnten Vorstellungen.

■ *In der Konsequenz heißt das: Lassen Sie sich Zeit, Ihre mentalen Provokationen in praktikable Lösungen zu übersetzen.* ■

Variante: Die NIE-Technik

Aus de Bonos „mentaler Provokation" haben Joern Bambeck und Antje Wolters eine fünfstufige Technik entwickelt: Die NIE-Technik. NIE steht für Neue Ideen Erfinden und ist im Deutschen wenigstens lautlich der Idee der mentalen Provokation näher als das Maori-Wort „po".

Während de Bono seine mentale Provokation eher als Denkfigur verstanden wissen will, die Sie unvermittelt anwenden können, gehen Sie mit Bambeck und Wolters Schritt für Schritt vor:

1. Fixieren Sie Ihr Problem. Zum Beispiel: „Kundenparkplätze werden durch Pendler besetzt."
2. Zählen Sie die Selbstverständlichkeiten Ihres Problems auf. Zum Beispiel: „Autopendler kommen früher als die Kunden."
3. Produzieren Sie NIE-Formulierungen als Verneinungen/Verkehrungen der Aussagen, die Sie im 2. Schritt aufge-

stellt haben. Zum Beispiel: „NIE-Autopendler kommen später als die Kunden."

4 Suchen Sie anhand der NIE-Formulierungen nach neuen Ideen. Zum Beispiel: „Parkplätze dürfen erst nach der Geschäftsöffnung benutzt werden."

5 Wählen Sie die besten Ideen aus. Und realisieren Sie sie!

Tips für Ihre „mentale Provokation"

- Betrachten Sie die „mentale Provokation" als eine Art geistiges Sprungbrett. Nicht die Aussage selbst ist das Entscheidende, sondern die Ideen, zu denen Sie angeregt werden.
- Formulieren Sie bewußt pointiert. Üben Sie sich nicht in Zurückhaltung, sondern arbeiten Sie die Eigenschaften, um die es geht, überdeutlich heraus. Eine „völlig unmögliche" These regt Ihr Denken stärker an als eine halbschwammige Behauptung.
- Üben Sie diese Technik. Versuchen Sie nicht gleich, die wichtigsten oder schwierigsten Probleme mit dieser Technik anzugehen. Machen Sie sich erst einmal mit der Denkweise vertraut.

Die Technik der „mentalen Provokation" hat ihre Grenzen: Provokative Ideen stimulieren zwar das Denken, doch sind sie keineswegs eine Garantie dafür, daß Sie eine praktikable Lösung finden.

Morphologischer Kasten und andere Matrizen

An die Ideenfindung ganz systematisch herangehen – kann das funktionieren? In der Tat gibt es einige Techniken, die auf schematischen Darstellungen beruhen. Die bekannteste Kreativitätstechnik, die mit einer Matrix arbeitet, hat der Schweizer Astrophysiker Fritz Zwicky entwickelt: den morphologischen Kasten.

Was leisten diese Techniken?

Matrizen eignen sich für die Fälle, die geordnetes und logisches Vorgehen verlangen: Der Einsatz des morphologischen Kastens ist z. B. vor allem dann sinnvoll, wenn ein Produkt entwickelt oder verbessert werden soll und Sie sicher gehen wollen, alle relevanten Aspekte zu erfassen.

Wo liegen ihre Stärken?

- ermöglichen ein systematisches Herangehen
- sind übersichtlich, schaffen Orientierung
- eignen sich vor allem für Neukombinationen bewährter Lösungen

Wo liegen ihre Schwächen?

- es entstehen selten neue Ideen
- Schematismus kann einengend wirken
- aufwendiges Verfahren absorbiert kreative Energien

Was benötigen Sie für die Matrizen?

- Die entsprechenden Schemata, Schreibzeug und Papier

  Dauer: Morphologischer Kasten etwa 40 Minuten.

Matrizen sind in der kreativen Arbeit auf spezielle Fälle beschränkt, etwa die Weiterentwicklung bestehender Konzepte. Hier sind sie durchaus hilfreich, doch können sie niemals mehr als eine gewisse Orientierung bieten.

So gehen Sie beim morphologischen Kasten vor

Sie legen die Parameter fest, die für Ihre Frage wesentlich sind. Das heißt, Sie müssen von vornherein wissen, auf welche Eigenschaften es ankommt. Durch Kombination verschiedener Eigenschaften finden Sie dann die Lösung.

Sie gehen in 5 Schritten vor:

1. Kategorien festlegen
2. Eigenschaften auflisten
3. Matrix erstellen
4. Kombinationen festlegen
5. Lösung auswählen

1 Legen Sie die Kategorien fest!

Die Brauchbarkeit Ihrer Ergebnisse hängt davon ab, ob es Ihnen gelingt, für Ihr Problem die passenden

Kategorien zu finden. Jede Kategorie steht für eine Klasse von Eigenschaften, die drei Bedingungen erfüllen müssen:

- Sie müssen für Sie wesentlich sein.
- Sie müssen sich von Ihnen verändern lassen.
- Sie müssen das gesamte Spektrum Ihrer Möglichkeiten abdecken.

Welche Kategorien das sind, ist von Ihrer Fragestellung abhängig.

Beispiel
Wenn Sie einen neuen Computermonitor entwickeln wollen, sind andere Eigenschaften für Sie wesentlich, als wenn Sie eine Kantine aufbauen wollen. Beim Computermonitor wird es vielleicht um seine Größe, seine Leistungsfähigkeit, seine Bildschirmtechnologie und seinen Preis gehen, während es bei der Kantine um Fragen gehen könnte wie Art der Gerichte, Öffnungszeiten und Preisniveau.

Liegt ein Parameter bereits fest, brauchen Sie ihn natürlich nicht mehr aufzuführen. Wenn Sie also einen Monitor mit Flachbildschirm bauen wollen, können Sie auf die zugehörige Kategorie „Bildschirm“ verzichten. Darüber hinaus sollten Sie auf zwei Dinge achten:

- Die Kategorien sollten möglichst unabhängig voneinander sein. Wenn also beim Computermonitor die Bildschirmtechnologie den Preis stark bestimmt, hat es keinen Sinn, den Preis als eigene Kategorie festzusetzen.
- Es dürfen nicht zu viele Kategorien sein. Bei mehr als sieben Kategorien geht sehr leicht die Übersichtlichkeit verloren.

2 Listen Sie die zugehörigen Eigenschaften auf!

Haben Sie die Kategorien festgelegt, müssen Sie sich nun um die zugehörigen Eigenschaften, bzw. die „Parameterausprägung" kümmern. Welche Optionen stehen Ihnen offen? – Wenn Sie beispielsweise ein Betriebsfest organisieren wollen, führen Sie in der Kategorie „Räumlichkeiten" alle Möglichkeiten auf, die Ihnen sinnvoll erscheinen.

- Die Eigenschaften sollten zwar das gesamte Spektrum Ihrer Möglichkeiten wiedergeben, jedoch auf eine überschaubare Anzahl reduziert werden. Drei bis vier Alternativen sind gut.

3 Erstellen Sie die Matrix!

Nun können Sie Ihren morphologischen Kasten füllen: In der linken Spalte führen Sie die Kategorien/Parameter auf. Die übrigen Spalten sind für die Parameterausprägung vorgesehen.

Nehmen wir an, Sie wollen eine besonders hochwertige Teekanne für anspruchsvolle Teetrinker entwickeln.

Beispiel: Eine neue Teekanne

Parameter	**Parameterausprägung**		
Material	Glas	Porzellan	Metall
Form	kugelig	eckig	schlank
Größe	klein (< 1,0 l)	mittel (1,0–1,5 l)	groß (> 1,5 l)
Einsatz	ohne	Metallsieb	wie Material

4 *Legen Sie die Kombinationen fest!*

Jetzt müssen Sie entscheiden, welche Merkmalskombinationen für Sie in Frage kommen. Sie können jedes Merkmal mit jedem kombinieren.

Achtung! Es ist keineswegs immer die beste Lösung, in jeder Kategorie das beste Merkmal herauszusuchen. Oft führen Eigenschaften, die für sich genommen nicht optimal sind, in bestimmten Kombinationen zu sehr guten Ergebnissen.

5 *Wählen Sie die beste Lösung aus!*

Aus den verschiedenen Kombinationen müssen Sie jetzt noch die beste Lösung heraussuchen – und umsetzen.

Wie arbeiten Sie mit der Funktionsanalyse?

Eine verwandte Matrix ist unter dem Namen „Funktions-" oder „Wertanalyse" bekannt. Das Ziel ist in ein anderes: nämlich alle Möglichkeiten zur Kostensenkung auszuschöpfen. Die Kategorien, die Sie bilden müssen, sind jene unabdingbaren Funktionen, die Ihr Produkt erfüllen muß. Anstelle der Parameterausprägungen listen Sie auf:

- wie diese Funktion gewöhnlich/bisher erfüllt wird
- wieviel das kostet
- wodurch diese Funktion kostengünstiger zu erfüllen wäre
- wieviel diese Alternative kostet

Weitere Anregungen zur Funktionsanalyse finden Sie übrigens im TaschenGuide „Controllinginstrumente".

Konzeptfächer, Progressive Abstraktion

Oftmals läßt sich ein Problem überraschend einfach lösen, wenn Sie die Betrachtungsebene ändern. Und das heißt in den meisten Fällen: Sie müssen Ihre Frage grundsätzlicher formulieren.

Zwei Techniken, die auf genau dieses Prinzip zurückgreifen, doch verschiedene geistige Väter haben, sind der Konzeptfächer von Edward de Bono und die Progressive Abstraktion von H. Geschka.

Was leisten beide Methoden?

Sie helfen Ihnen, systematisch eine Vielzahl von Lösungsmethoden zu entwickeln und die beste Alternative zu finden.

Für welche Fälle sind sie besonders geeignet?

- wenn Sie sich an einer Frage festgebissen haben
- für strategische Fragen
- wenn Sie eine bestehende Lösung verbessern möchten

Wofür sind sie weniger geeignet?

- wenn Sie keine Lösung/Überlegung haben, von der Sie ausgehen können
- „wilde" Ideen, kreative Sprünge

Was benötigen Sie?

- Bei Einzelarbeit: Schreibzeug, Papier
- Bei Gruppenarbeit: Gruppe mit vier bis sechs Teilnehmern; Moderator, der auch protokollieren kann; Tafel oder Flipchart

Dauer: kann oft ganz schnell zur Lösung führen, ansonsten sehr abhängig von der Aufgabenstellung

Mit der progressiven Abstraktion bzw. dem Konzeptfächer können Sie sich systematisch dem „Grundsätzlichen" Ihres Problems nähern oder, anders ausgedrückt, den Denkprozeß noch einmal „von vorne" beginnen.

Wie arbeiten Sie mit dem Konzeptfächer und der Progressiven Abstraktion?

Das Prinzip ist ebenso schlicht wie einleuchtend: Sie gehen stets von einer unzulänglichen Lösung des Problems aus und führen es auf eine allgemeine Ebene zurück (= Abstraktion), bzw. fragen nach dem Konzept, das hinter dieser Lösung steht. In drei Schritten nähern Sie sich einer besseren Lösung, wobei Sie diese Abfolge beliebig wiederholen können:

1. Sie legen fest, worum es eigentlich geht.
2. Sie erschließen sich Handlungsalternativen.
3. Sie entscheiden sich für eine Lösung.

Beispiel

Sie möchten in einem Vortragsraum eine Tafel aufhängen. Ihr erster Gedanke: Sie schlagen einen Nagel in die Wand und hängen die Tafel auf. Doch es gibt ein Problem: Sie finden nirgendwo einen Hammer.

1 Worum geht es?

Sie verlagern Ihr Problem auf die nächst höhere Ebene. Es ist durchaus ökonomisch, nicht gleich zu stark zu abstrahieren. In unserem Beispiel geht es darum, irgendeinen Gegenstand aufzutreiben, der geeignet ist, einen Nagel in die Wand zu schlagen.

2 Welche Alternativen gibt es?

Ausgehend von dem Konzept überlegen Sie, welche Möglichkeiten es gibt, dieses Konzept zu realisieren. In unserem Beispiel suchen Sie nach Möglichkeiten, einen Nagel in die Wand zu treiben: Sie nehmen ein dickes Stahlrohr, ein starkes Brett, einen entsprechend geformten Stein oder Sie überlegen, ein passendes Loch in die Wand bohren und den Nagel hineinzustecken.

3 Für welche Lösung entscheide ich mich?

Sie prüfen die Alternativen auf Ihre Brauchbarkeit und entscheiden sich für eine von ihnen. Haben Sie also ein passendes Brett gefunden, ist Ihr Problem gelöst.

Wenn Sie keine Lösung zufriedenstellt

In diesem Fall abstrahieren Sie weiter! Dieser vierte Schritt entspricht dann dem ersten, nur arbeiten Sie jetzt auf einer allgemeineren Ebene und können noch mehr Alternativen in Betracht ziehen.

Durch dieses wiederholte Abstrahieren ergibt sich eine fächerartige Struktur. Je weiter Sie „nach oben gehen", also je allgemeiner Sie Ihr Problem formulieren, um so mehr Optionen ergeben sich auf den unteren Ebenen – allerdings müssen Sie diese Optionen aus den übergeordneten Konzepten erst einmal ableiten.

Beispiel
Erweiterung des Konzeptfächers

Wenn Sie keinen passenden Ersatz für den Hammer auftreiben können oder Sie informiert werden, daß Sie gar keine Nägel in die Wand schlagen dürfen, legen Sie die nächst höhere Ebene fest als „Möglichkeiten, die Tafel an der Wand zu befestigen".
Mit diesem Konzept gelangen Sie vielleicht zu Lösungen wie „Tafel an die Wand kleben", „Tafel an die Wand hängen". Lösungen, für die Sie jeweils mehrere Realisierungsmöglichkeiten suchen können.
Nun könnte es sich ergeben, daß Sie gar keine Möglichkeit haben, die Tafel in irgendeiner Weise an der Wand zu befestigen. Wieder stellen Sie sich die Frage: Worum geht es eigentlich? Vielleicht gelangen Sie zu dem Konzept, die Tafel so aufzustellen, daß sie von allen Besuchern gesehen werden kann. Und Sie entwickeln Möglichkeiten, die Tafel anzulehnen, hochzuhalten, vor dem Eingang aufzustellen und ähnliches mehr.
Auf einer noch höheren Ebene würden Sie sich vermutlich von der Tafel lösen und Optionen entwickeln wie: mit Dia- oder Overheadprojektor arbeiten, Handouts verteilen oder Vorträge so umzugestalten, daß auf visuelle Zusatzinformationen verzichtet werden kann.

Vielleicht ein allzu simples Beispiel, doch es zeigt, wie diese häufig sehr hilfreiche Methode funktioniert. Denn viele unserer Probleme ließen sich einfach dadurch lösen, daß wir – bildlich gesprochen – nicht länger angestrengt nach einem Hammer suchen, sondern andere Möglichkeiten in Betracht ziehen, und zwar systematisch.

■ *Sie können so lange Ihren Konzeptfächer erweitern, bis Sie eine Lösung gefunden haben!* ■

Schaubild Konzeptfächer

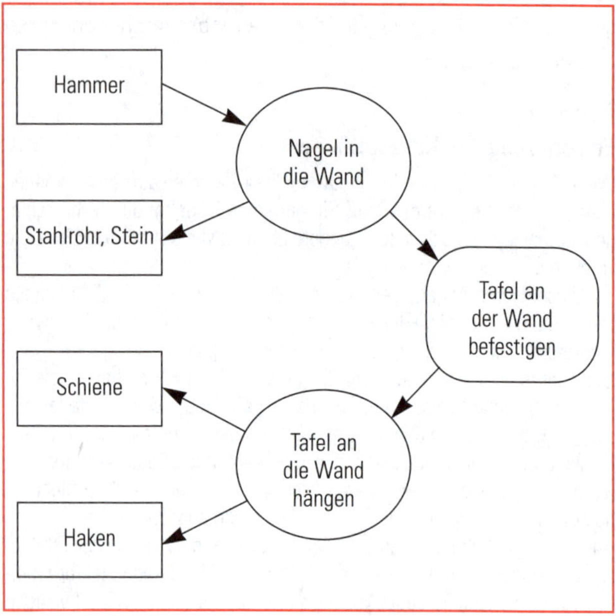

Je weiter Sie abstrahieren, um so mehr Lösungsmöglichkeiten können Sie ableiten.

Das kreative Unternehmen

Heute setzt fast jedes marktführende Unternehmen auf die Kreativität seiner Mitarbeiter. Nicht nur in den traditionellen Kreativabteilungen wie Werbung, Marketing und Produktentwicklung, sondern auch im Einkauf, im Vertrieb, im Kundendienst oder in der Personalabteilung sind kreative Ideen gefragt.

Kreativität gezielt fördern

Allerdings ist oft nicht klar, wie die Mitarbeiter zu den kreativen Ideen gelangen sollen. Gar nicht wenige Unternehmen betrachten Kreativität als eine Art freiwilliger Zusatzleistung, die entsprechend „motivierte" Mitarbeiter gerne nach Dienstschluß erbringen. Vereinzelt mag das sogar zutreffen, doch wird man kaum behaupten können, daß diese Unternehmen die kreativen Potentiale ihrer Mitarbeiter wirklich nutzen.

In anderen Fällen beschränkt sich die Förderung der Kreativität auf „kreative Meetings" und die Einrichtung von „Crea"-Teams. Oft bleiben diese Maßnahmen weit hinter den Erwartungen zurück, weil sie isolierte Aktionen sind. Dabei könnte das Unternehmen von den kreativen Ideen seiner Mitarbeiter profitieren, wenn es sie gezielt fördert.

- Kreative Unternehmen betrachten kreative Aktivitäten ihrer Mitarbeiter nicht als Luxus oder verlängerte Freizeit, sondern als Notwendigkeit.

- In kreativen Unternehmen sind Zeiten für kreative Aktivitäten fest eingeplant.
- In kreativen Unternehmen sind die Ideen der Mitarbeiter willkommen.
- Kreative Unternehmen setzen ihren Mitarbeitern Ziele.

Kreative „Einzelkämpfer"

Kreativität in Unternehmen wird oft als das Ergebnis von Gruppenarbeit verstanden. Sie soll sich in kreativen Sitzungen entfalten. Im Idealfall unter Einsatz einer brauchbaren Kreativitätstechnik.

Dabei wird vergessen, daß sehr viele Ideen von einzelnen stammen und oft genug im stillen Kämmerchen ausgebrütet werden. Ein kreatives Unternehmen fördert daher beide Arten von Kreativität, die sich in der Regel ergänzen: Die Arbeit in der Gruppe und die Einzelleistung.

Kommunikation und schöpferische Reservate

Die einzelnen Mitarbeiter kommen am ehesten unter zwei Voraussetzungen auf kreative Ideen: Einerseits benötigen sie alle wesentlichen Informationen, sollten sich untereinander austauschen und von den Erfahrungen der anderen profitieren können. Andererseits brauchen sie einen geschützten Raum, ein schöpferisches Reservat, um ungestört ihre Ideen entwickeln zu können – und zwar nicht nur nach Feierabend.

In der innovationsfreudigen Firma 3M etwa gibt es eine langjährige Tradition: Die 15 Prozent-Regel, die es den Mitarbeitern erlaubt, bis zu 15 Prozent ihrer Zeit an Projekten ihrer eigenen Wahl zu arbeiten.

Die kreative Sitzung

Auch wenn viele Ideen in Einzelarbeit entwickelt werden, sollte das Unternehmen nicht auf kreative Sitzungen verzichten. Richtig eingesetzt bieten sie eine Reihe von Vorteilen. Denn kreative Sitzungen

- führen zu anderen, möglicherweise besseren Ergebnissen,
- fördern den Austausch der Mitarbeiter untereinander, stärken die Zusammenarbeit, verbessern das Betriebsklima,
- geben Anregungen, die jeder Teilnehmer weiter bearbeiten kann und die zu neuen Lösungen führen.

Allerdings können allzu starre, formalisierte Sitzungen die Kreativität auch hemmen. Ganz entscheidend kann hier der Einfluß des Moderators sein.

Worauf Sie als Moderator achten sollten

Viele kreative Meetings scheitern an einer schlechten Moderation. Der Moderator kann Geburtshelfer vieler neuer Ideen sein, er kann sie aber auch abwürgen und dauerhaften Schaden anrichten: Wenn die Mitarbeiter nämlich die Überzeugung gewinnen, kreative Sitzungen müßten so ablaufen, und froh sind, wenn sie diese überstanden haben.

Fünf erfolgreiche Kreativitätsbremser

- Der unsichere Moderator. Er verhaspelt sich, ist schlecht vorbereitet, kann Vielredner nicht stoppen, weiß nicht, wann er zum nächsten Punkt überleiten soll, kann die Ergebnisse der Sitzung nicht zusammenfassen.
- Der Alleinunterhalter. Er spielt sich in den Vordergrund, macht „witzige" Kommentare und hält sich wegen seiner „lockeren Art" für einen souveränen Sitzungsleiter.
- Der Ungeduldige. Ihm geht alles nicht schnell genug. Er setzt die Teilnehmer unter Druck, geht gleich zum nächsten Punkt, sobald die Diskussion ein wenig auf der Stelle tritt.
- Der Kreative. Ihm fällt während der Sitzung auch allerhand ein. Und so äußert er seine eigenen kreativen Ideen. Das kann sehr bereichernd sein, nur steht die Gruppe plötzlich ohne Moderator da.
- Der Beleidigte. Er fühlt sich persönlich für die Ergebnisse der Diskussion verantwortlich und faßt es als Kränkung auf, wenn keine Vorschläge kommen.

So moderieren Sie richtig!

Niemand wird von Ihnen erwarten, daß Sie auf Anhieb perfekt moderieren. Doch können Sie viele Fehler und Unarten vermeiden, wenn Sie sich gut auf Ihre Moderation vorbereiten. Machen Sie sich vorher mit der Kreativitätstechnik und dem Ablauf der Sitzung vertraut. Üben Sie vorher Ihre Moderation. Wenigstens die Einleitung sollte Ihnen sicher von den Lippen gehen.

Darüber hinaus schadet es nicht, wenn Sie sich für die folgenden Fälle ein paar Sätze zurechtlegen – gerade wenn Sie zum ersten Mal moderieren:

- Einleitung/Begrüßung
- alle Überleitungen
- den Anstoß zur Diskussion
- Vielredner stoppen
- unsachliche Beiträge zurückweisen
- ausfällige Teilnehmer zur Ordnung rufen
- Ihr Schlußwort.

10 Tips für Ihre Moderation

- Führen Sie knapp und präzise in das Thema ein.
- Bemühen Sie sich um Objektivität.
- Halten Sie sich im Hintergrund.
- Greifen Sie sofort ein, wenn jemand unsachlich wird.
- Greifen Sie ein, wenn vom Thema abgewichen wird oder sich die Gruppe an einem Punkt „festbeißt".

- Stoßen Sie die Diskussion an, wenn sie ins Stocken geraten ist. Nicht durch eigene Vorschläge, sondern indem Sie die Teilnehmer ermuntern.
- Achten Sie darauf, daß zeitliche Vorgaben eingehalten werden. Geben Sie den Teilnehmern Orientierung.
- Fassen Sie immer wieder Diskussionspunkte zusammen.
- Achten Sie auf Wortmeldungen. Ermuntern Sie zurückhaltende Teilnehmer, sich zu beteiligen.
- Beschließen Sie die Sitzung mit einem positiven Ausblick. Fassen Sie die Ergebnisse noch einmal zusammen und bedanken Sie sich bei den Teilnehmern. Auch ein Hinweis, was mit den Ergebnissen geschieht, ist häufig sinnvoll.

Was Sie als Teilnehmer einer kreativen Sitzung wissen sollten

Nicht nur der Moderator sollte seiner Aufgabe gewachsen sein. Die kreativen Ideen kommen ja – ausschließlich – von den Teilnehmern. Daher können Sie viel zum Gelingen einer kreativen Sitzung beitragen – durch Ihr Verhalten, aber auch wenn Sie sich ein wenig vorbereiten.

- Wenn eine bestimmte Kreativitätstechnik eingesetzt wird, können Sie sich schon vorher mit dem Ablauf vertraut machen.
- Gehen Sie mit einer positiven Grundeinstellung in die kreative Sitzung.
- Ermutigen Sie die anderen Teilnehmer, sich zu engagieren.

- Wenn Sie mit dem Ablauf nicht zufrieden sind (Leerlauf, schlechte Moderation, demotivierte Teilnehmer): Sprechen Sie es an! Bemühen Sie sich gemeinsam um eine Lösung.

Gezielter Einsatz von Kreativitätstechniken

Oftmals kann die Effizienz kreativer Sitzungen durch eine Kreativitätstechnik erheblich gesteigert werden. Voraussetzung ist allerdings, daß diese Techniken sinnvoll eingesetzt werden.

- Überlegen Sie, welche Technik für Ihr Problem in Frage kommt. Es gibt keine Allroundtechnik.
- Die Teilnehmer müssen jede Technik erst erlernen. Geben Sie ihnen Zeit, und setzen Sie nicht mehrere Techniken gleichzeitig ein.

- Auch die beste Technik kann kreative Ideen nur fördern, niemals erzeugen.

Wählen Sie die Kreativitätstechnik, die Ihnen am besten zusagt. Und lassen Sie sich auch auf sie ein. Geben Sie nicht zu früh auf. Wenn Sie jedoch merken, daß Ihnen die Technik nicht liegt, überlegen Sie, woran das liegen könnte. Versuchen Sie es mit einer anderen Methode, wählen Sie jedoch mit Sinn und Verstand aus. Denn ein planloses „Rumprobieren" mit Kreativitätstechniken schafft Verwirrung und hemmt das schöpferische Potential Ihrer Mitarbeiter.

Kreativität als Teil der Unternehmenskultur

In vielen Unternehmen gibt es kreative Mitarbeiter. Allerdings wird ihr Potential bei weitem nicht genutzt. Denn sogar in Unternehmen, die die Bedeutung dieses „Schlüsselfaktors" erkannt haben, sind Vorstellungen weit verbreitet, die der kreativen Entfaltung ihrer Mitarbeiter eher im Wege stehen:

- Kreativität liegt nicht im Bereich der klar definierten „Routinearbeiten", für die die Mitarbeiter angestellt worden sind und bezahlt werden. Nach dem Motto: „Kreativität – ja bitte, aber sie darf nichts kosten."

- Kreativität soll sein, aber bitte nur im dafür vorgesehenen Rahmen. Und am besten auf Kommando. Die Mitarbeiter werden nicht auf die „kreative Spielwiese" geschickt, sondern auf den „kreativen Kasernenhof" abkommandiert.

Innovationsfreude und Fehlertoleranz

Kreative Unternehmen geben sich nicht mit dem Erreichten zufrieden, sie leben von ständiger Innovation. Das amerikanische Unternehmen 3M etwa schreibt vor, daß jeder Geschäftsbereich 25 Prozent seines Jahresumsatzes mit Produkten erwirtschaften soll, die nicht länger als fünf Jahre auf dem Markt sind.

Wenn Sie die Kreativität Ihrer Mitarbeiter fördern wollen, dann müssen Sie allerdings einkalkulieren, daß es hin und wieder gar kein oder nur ein wenig brauchbares Ergebnis gibt. Es gehört zur Kreativität dazu, daß sie sich zwar fördern, aber nicht erzwingen läßt. Niemand kann auf Kommando kreativ sein.

Vielfach sind die Wege zu einer guten Idee verschlungen, sie führen sehr oft über Fehlschläge. Deshalb verfügt ein kreatives Unternehmen über ein hohes Maß an Toleranz gegenüber Irrtümern, wohlverstanden: nicht gegenüber Schlamperei oder Schusseligkeit, sondern gegenüber Irrtümern bei der Suche nach neuen Ideen.

Ein kreatives Unternehmen ermöglicht die neuen Ideen aber nicht nur, es erwartet von seinen Mitarbeitern, daß sie danach suchen. Denn manche Mitarbeiter sind allein deshalb nicht kreativ, weil sie noch nie jemand dazu aufgefordert hat.

■ *Kreativität gehört zur Unternehmenskultur. Sie muß gelebt werden – und zwar im gesamten Unternehmen.* ■

Stichwortverzeichnis

Literaturverzeichnis

Bambeck, Joern J./Wolters, Antje: Brain-Power, München 1991.

Buzan, Tony: Kopftraining. Anleitung zum kreativen Denken, München 1993.

Czikszentmihalyi, Mihaly: Kreativität. Wie Sie das Unmögliche schaffen und Ihre Grenzen überwinden, Stuttgart 1997.

de Bono, Edward: Serious Creativity. Die Entwicklung neuer Ideen durch die Kraft lateralen Denkens, Stuttgart 1996.

Dörner, Dietrich: Die Logik des Mißlingens. Strategisches Denken in komplexen Situationen, Reinbek 1992.

Floßdorf, Bernhard: Kreativität. Bruchstücke einer Soziologie des Subjekts, Frankfurt 1978.

Gardner, Howard: So genial wie Einstein. Schlüssel zum kreativen Denken, Stuttgart 1997.

Goleman, Daniel/Kaufman, Paul/Ray, Michael: Kreativität entdecken, München/Wien 1997.

Hentze, Henner/Müller, Klaus-Dieter/Schlicksupp, Helmut: Praxis der Managementtechniken, München/Wien 1990.

Huber, Andreas: Stichwort Kreativität, München 1998.

Kirckhoff, Mogens: Mind Mapping. Einführung in eine kreative Arbeitsmethode, Offenbach 1995.

Koestler, Arthur: Der göttliche Funke. Der schöpferische Akt in Kunst und Wissenschaft, Bern 1966.

Malorny, Christian/Schwarz, Wolfgang/Backerra, Hendrik: Die sieben Kreativitätswerkzeuge K7. Kreative Prozesse anstoßen, Innovationen fördern, München/ Wien 1997.

Pinkus, Ruth: Wege aus der Routine. Kreativitätstechniken für Beruf und Alltag, Stuttgart 1996.

Schnabel, Ulrich/Sentker, Andreas: Wie kommt die Welt in den Kopf? Reise durch die Werkstätten der Bewußtseinsforscher, Reinbek 1997.

Voigtmann, Martin: Genies wie du und ich. Kreativ sein hat System, Heidelberg 1997.

Weisberg, Robert W.: Kreativität und Begabung, Heidelberg 1989.